BEGINNER'S
NORWEGIAN
WITH 2 AUDIO CDs

Date: 11/3/16

BEGINNER'S
NORWEGIAN
WITH 2 AUDIO CDs

SECOND EDITION

Laura Žiūkaitė-Hansen

HIPPOCRENE BOOKS, INC.
New York

Second Edition, 2012

Text and Audio Copyright © 2005, 2012 Laura Žiūkaitė-Hansen.

Typesetting and design: Susan Ahlquist
Book cover and disc label design: Cynergie Studio

Audio recorded and mastered at World Music Connections/AM Studios, New York City.
Audio producers: Robert Stanley Martin, Laura Žiūkaitė-Hansen
Audio speakers: Morten Bilet, Anders Erga, Mezada Petilon, Laura Žiūkaitė-Hansen
Recording engineer: Yaron Aldema

For information, address:
HIPPOCRENE BOOKS, INC.
171 Madison Avenue
New York, NY 10016

www.hippocrenebooks.com

Library of Congress Cataloging-in-Publication Data
iukaite-Hansen, Laura.
 Beginner's Norwegian with 2 audio CDs / Laura
iukaite-Hansen. -- Revised 2nd ed.
   p. cm.
Includes bibliographical references.
ISBN-13: 978-0-7818-1299-3 (pbk.)
ISBN-10: 0-7818-1299-2 (pbk.)
1. Norwegian language--Textbooks for foreign speakers--English. 2.
Norwegian language--Self-instruction. 3. Norwegian language--Grammar.
I. Title.
PD2623.Z58 2012
439.8'282421--dc23
                                        2012031084

Printed in the United States of America.

Contents

AUTHOR'S NOTE
&
ACKNOWLEDGEMENTS

I would like to extend my thanks to Hippocrene as well as to editors Nicholas Williams and Robert Stanley Martin for their support of the project. My special thanks go to Norwegian copyeditors Louis Janus and Kim Pedersen for reading the manuscript and making many insightful suggestions. I would also like to acknowledge Morten Bilet, Anders Erga, and Mezada Petilon for lending their voices to the recordings that accompany this book.

Above all, I would like to extend my special gratitude to the Scandinavian Departments at Vilnius University, University of Wisconsin-Madison and University of California-Berkeley for the excellent education and teaching experience that enabled me to write this book.

Last, but not least, I would like to say a big thank you to all the readers who have put their faith in this book as they embark on the journey of learning the Norwegian language (Bokmål). Thanks to your votes of confidence, this is the second improved edition of *Beginner's Norwegian*.

It is my hope that the book will continue to be a useful companion to anyone who wants to get started on learning Norwegian. I am always excited to hear from you—so please, leave a review on Amazon.com or share your experiences and send your comments to: *norwegiandictionary@gmail.com*.

— Laura Žiūkaitė-Hansen

The Norwegian Language

History of Norwegian

The languages of the three Scandinavian countries are so similar that Danes, Norwegians, and Swedes can rather easily understand each other. This is because the language evolved from a common Nordic tongue that just one thousand years ago was spoken throughout the entire region. The differences in dialects of that time were far less significant than the dialect variations found today in each of the Nordic countries.

The oldest form of Norse dating back to the third century BC is called *Urnordisk* (Early Scandinavian). Our knowledge of this language is based on the runic inscriptions—letter signs particular to all Germanic areas—the oldest dating back to the second century. The runic alphabet had 24 signs that were organized in a certain order and was named *futhark*, after the first six signs. Runes were carved in any hard material such as stones, weapons, jewelry, and household items. They largely consisted of linear signs rather than bent ones due to the difficulty of carving arched lines.

Many important changes occurred in the language during the transitional period between the sixth and the eighth century. The language of that time is usually referred to as *Gammalnorsk* (Old Norwegian/Norse). As a result of these new developments, the Scandinavian languages started to diverge during the *Norrøn* period, between 700 and 1370 AD. The foundation of the nation-states created the conditions for the growth and development of the separate written languages, even though dialect differences were minor, and people could still understand each other across the state borders. The end of the *Norrøn* period marks another phase of significant developments in the history of the Nordic languages—the case system collapsed due to the increasingly more stressed first syllable and gradually less articulated endings.

The language of the period between 1370 and 1525 is usually referred to as *Mellomnorsk*. By the end of this period spoken Norwegian reached the approximate stage of contemporary *Nynorsk* and was not very different from the dialects of the present day. However, the written language used in the Middle Ages was almost extinct by the fifteenth century because of geopolitical changes in the region. Forced into a union with Denmark in 1319, Norway was destined for cultural and economic deterioration and denationalization over the next four hundred years.

It was a matter of course in the kingdom of Denmark-Norway that all those who could write, wrote in Danish. The political and economic power of the country was concentrated in the hands of influential and high-ranking Danish-born citizens. Despite the dominant position of the Danish language in all spheres of public life, it never became the prevailing language in the private lives of rural Norwegians, who at the time comprised 90 percent of the population. They spoke a mix of local dialects with elements of Danish here and there, but largely preserved their unique vocabulary, morphology, and syntax. The educated classes, however, developed a new form of language. When they had to read Danish texts, they used the pronunciation closer to the written language, but maintained their own intonation and sound system. The reading language, therefore, became a peculiar mix of Norwegian and Danish. Over the years, however, the Danish written language affected the colloquial language of Norwegians from higher social classes. The result was Norwegian-accented Danish, otherwise called "the cultured everyday language," spoken by some 10 percent of the population.

In the wake of the French Revolution and the Napoleonic wars, nationalistic ideas mushroomed all over Europe. Nationalistic movements gave rise to a prevailing desire for self-determination that was powerfully echoed in Norway, especially due to the dissolution of the union between Denmark and Norway in 1814. To prevent Sweden from imposing Swedish onto a fragile, newly liberated country, Norwegians adopted a constitution that ensured Norwegian as the language of the kingdom. With that came the controversy of recreating the Norwegian language.

Two major views were represented by prominent Norwegian personalities. Such illustrious authors as **J. S. Welhaven** and **Camilla Collett** saw the linguistic unity with Danish as a matter of great convenience that made it possible for Norway, through political and cultural attachment to Denmark, to be perceived as a part of the European cultural landscape. Any attempts to reinstate Norwegian, they felt, would be a return to the Middle Ages. The other side of the debate was represented by Norway's prominent poet **Henrik Wergeland**, who claimed that one step towards regaining national identity was to revive the language. He suggested Norwegianizing Danish by using it as the basis for the Norwegian written language but also incorporating elements of Norwegian dialects and approximating pronunciation and spelling.

The latter approach gave rise to two trends. The first one sought to find the fundamentals of the Norwegian language system in the mountains and valleys of the country, while the second believed it to be more reasonable to take the point of departure in the commercial and cultural centers of Norway.

Ivar Aasen (1813–1896) was a farmer's son and schoolteacher. In 1836 he suggested a solution to the language problem. He wanted to create a written Norwegian language based on the "uncontaminated" dialects spoken in the countryside. He set out on a four-year trip around the country, during which he meticulously collected vocabulary and grammatical data most representative of the folk language. The result of his tour was two books—a grammar and a dictionary of the Norwegian language.

Knut Knudsen (1812–1895) was also a farmer's son and a teacher who was well aware of inconsistencies between written and oral Norwegian. However, in contrast to Aasen, he claimed that a new Norwegian written language should reflect "the most common pronunciation of the words in the mouth of the educated."

Ivar Aasen's *landsmål* (countryside language) became the driving power in the education of commoners. Knudsen's *riksmål*, on the other hand, remained the preferred language of the educated. It got its name in order to avoid misleading connotations in labeling the re-creation of Norwegian as Danish-Norwegian. However, the proponents of the *landsmål* were utterly against the *riksmål* for its appropriating meaning—the kingdom's language. As a matter of fact, they also did not like the name *landsmål* because of its exclusionary associations. Their efforts to change the names came to fruition in 1929, when the decision was made to change *landsmål* to *nynorsk* (new language), while *riksmål* was replaced by *bokmål* (book language).

Bokmål and *Nynorsk* Today

It is meaningless to ask whether *bokmål* and *nynorsk* are two languages or two dialects of one language because there is no recognized system to distinguish between a dialect and a language. After many years of *bokmål*'s proponents calling *nynorsk* "a dialect," and *nynorsk*'s advocates calling *bokmål* "a foreign language"—meaning Danish—they finally came to terms with the word *målform* (form of language, tongue), which connotes neutrality. From a linguistic point of view the difference between the two *målformer* is equivalent to that between two dialects: except for a word here and there and some syntactical differences, people understand each other in both written and oral form. However, this is also the case with both forms of Norwegian, Swedish or Danish that everybody considers to be languages. In reality, both *bokmål* and *nynorsk* are two forms of the written language. One professor of *nynorsk* was amusingly accurate saying that there are probably twenty or so professors at the University of Oslo who speak *nynorsk*, and as far as *bokmål* is concerned, it could be found in its pure form only in the mouths of a handful of old ladies in the west end of Oslo. In other words, with its 4 million people, Norway is probably one of the smallest countries in the world that proportionally has the highest number of dialects. Most Norwegians speak a dialect that is grammatically and phonetically closer to either *bokmål* or *nynorsk*—the languages that people learn to write.

Bokmål and *nynorsk* have equal status, i.e. they are both used in public administration, in schools and churches, and on radio and television. Books, magazines, and newspapers are published in both languages. The inhabitants of local communities decide themselves which language is to be used as the language of instruction in the school attended by their children. Officially, the teaching language is called the primary language and the other language the secondary language. Students read material written in the secondary language and at the upper secondary level they have to demonstrate an ability to write in that language.

The primary language of all cities and thickly populated areas surrounding the Oslo fjord is *bokmål*. *Nynorsk* dominates in the communities lining the fjords on the west coast of Norway and in the mountain districts of inland Norway. *Bokmål* dominates with over 80 percent of the population using it as the primary written language. It is the language of choice of the major newspapers, weekly magazines, and literary works. Because the cities and most industrial areas use *bokmål* to train new employees, the language prevails in business and advertising. Due to its origins and predominant position *bokmål* has the prestige of being the preferred speech of people with higher education, therefore serving as a status symbol.

At the same time, history of the Norwegian language led to a quite unprecedented development with regard to the dialects. Their use outside their native regions is accepted to a significantly higher degree in Norway than is the case in other countries. While most western European countries refrain from allowing dialect variation manifest itself in the newspapers, TV, or radio, Norwegians are encouraged to use their spoken language as a means to emphasize their national uniqueness.

In spite of that, as of 2002 only 14.7 percent of the students in elementary school have *nynorsk* as their first written language, while just 7 percent of adults use *nynorsk* every day. That is to say that many *nynorsk* students go over to writing *bokmål* later in their lives.

The decline in *nynorsk* has to do with a number of social, cultural, and economic factors. Social pressures and the near-total domination of *bokmål* in economic and political life, plus the lack of *nynorsk* teaching materials and TV programs provide some of the explanation. Increasing industrialization and population concentration in the big cities, where *nynorsk* has never won a substantial place, also play a vital role. With more than half of the country's first graders living in the Oslo area, *nynorsk* has little chance of making a breakthrough. And last but not least, many *nynorsk* users who later switch to *bokmål* claim it is too easy to make mistakes writing *nynorsk* because of the number of approved dialect and optional forms that are permitted in a student's written works, but not in textbooks. So the paradox is that people switch from what is their mother tongue to another form because their mother tongue is too difficult to write!

Political authorities have tried to protect *nynorsk* with different initiatives. Among other things the government provides support to the *nynorsk* press and subsidizes the publishing of *nynorsk* textbooks. The Norwegian Parliament—Storting—has passed a law requiring at least 25 percent of the national broadcasting to be in *nynorsk*. The law also called for the use of both *nynorsk* and *bokmål* in the governmental institutions, with one of the two being represented at least 25 percent. Presently, the relationship between the two official written languages has been stable for several years, much in favor of *bokmål*. In a highly *bokmål*-dominated country *nynorsk* requires a strong commitment. Because it is so easy to switch, people leaving a traditional *nynorsk* setting must make a conscious effort to cling to their native tongue in surroundings where most people speak *bokmål*.

Cultural Facts about Norway

People

Norway's population reached 5 million people in 2012, according to Statistics Norway. Seventy-nine percent of the population lives in the cities or densely populated areas. More than 600,000 people reside in Oslo. Norway, despite becoming increasingly urbanized, is still one of the least urbanized countries in Europe. Population is extremely sparse in northern Norway and inland. Except for Iceland's, the overall population density is the lowest in Europe with only 13 Norwegians per square kilometer, or 34 per square mile.

Today the number of immigrants and Norwegians born to immigrant parents comprises 13.1 percent of the total population, compared to 4.3 percent in 1992, a span of just twenty years. Low population growth is due more to the rate of immigration than to the birth rate. Every family has, on the average, two children. Life expectancy for men is approximately 77 years; for women it is 83 years.

Marriage is still the most common form of partnership, but more and more young people are choosing cohabitation. About 50 percent of children are born outside marriage, most of them to cohabiting parents. Divorce rates fluctuate between 40 and 50 percent.

In Norway homosexuals can register their partnership, which is then legally on par with marriage, with the exceptions of the church ceremony and the right to adopt.

Geography

Norway is a long, narrow country that is located in the northernmost end of Europe. The widest part of the country stretches 267 miles (430 km), while at its narrowest Norway is just 3.7 milies (6 km) in width. It stretches 1,100 miles (1770 km) from the south to the north, the same distance from Oslo to Rome or from New York to Miami. Norway borders Sweden, Finland, and Russia. The country occupies 125,003 square miles (323,758 sq. km) of the Scandinavian Peninsula, and it owns the islands of Svalbard and Jan Mayen as well as a couple of smaller islands in Antarctica. The Arctic Circle crosses the country at around two-thirds of the distance from the south to the north. The uneven coastline measures over 12,500 miles (21,000 km), and it inspired the Vikings to give the country the name of *Norvegr*, that is "the way/road to the north."

Norway is divided into 19 *fylker* (counties) and 435 *kommuner* (municipalities). Norway's largest cities are Oslo on the east coast, Bergen in the west, Trondheim in central Norway, Stavanger in the southwest, Kristiansand in the south, and Tromsø in the north.

Climate

Even though Oslo and Bergen are located at around latitude 60° north, which is as far north as Anchorage, Alaska, Norway has a relatively warm climate. This is due to the Gulf Stream, which brings between four and five million tons of tropical water every second. For this reason the fjords do not freeze completely, even in the Arctic Finnmark area. These warm streams of water bring with them air masses from the south that play an even more significant role in the warm weather patterns. The average temperature in the wintertime on the west coast is 7°C (44°F)—or 12°C (54°F) higher than the average temperature for this latitude.

Compared to the west coast with its warm winters, cool summers, and lots of rain, the east coast has an inland climate, with warmer summers, colder winters with lots of snow, and relatively little rain.

Nature

Norway is renowned for its diverse natural beauty. The land of mountains, fjords, lakes, glaciers, waterfalls, valleys, and forests— Norway offers a variety of natural wonders rarely found in one country. The coastline is indented by narrow arms of the sea that reach up to 124mi/200km into the inland. These narrow fjords, flanked by cliffs that ascend abruptly from the water to altitudes of over 1000m/ 3100ft, are some of Norway's most popular tourist attractions.

The Arctic Circle crosses Norway in the north, leaving the upper stretch of the country in darkness during the winter months, with only a brief glimpse of light in the middle of the day. During the summer months it is, however, flooded with the light of the midnight sun. The Northern Lights also offer an unforgettable sight.

Only 3.5 percent of Norway is cultivable land, 2.9 percent of which is actually cultivated. Forests cover 23 percent of the country. There are many uninhabited areas in Norway. It is in those desolate areas that Norwegians love to spend their summer or winter vacations. Everyone has free access to wilderness areas without the consent of the owner. Most Norwegian families own cabins in the mountains or by the water. They are usually devoid of such modern conveniences as electricity, warm water, or a bathroom, but that is exactly how Norwegians want it—experiencing nature in a simple, primitive, and ingenuous way.

History of the Norwegian People

There is no decisive evidence to determine from where the first people came to Norway. They were hunters who later developed farming skills. The migration of the Germanic people between the fourth and sixth centuries also affected the overpopulated and overutilized areas of present Norway. These uneasy times led to the development of tribal states with separate governing and defense systems.

The Viking period (ca. 800–1050) marks the end of the prehistoric era in Norway and the establishment of the kingdom of Norway around the year 900, when the king, Harald Fairhair, united Norway in a single kingdom. Widely known as assailants and plunderers, the Vikings were also peaceful merchants and travelers. The Vikings established settlements in Great Britain, France, Ireland, Iceland, and Greenland, and they sailed to North America 500 years before Columbus. As a result of the Viking expeditions and increased contacts with Christian Europe, Norway converted to Christianity around 1000 AD.

After a period of internal conflicts and the Black Death, which wiped out two-thirds of Norway's population, the country came under Danish rule, which lasted from 1380 until 1814. When Napoleon was defeated in 1813, his ally Denmark had to give Norway to a country that was in alliance against Napoleon—Sweden. However, Norway stepped into a union with Sweden by signing its own constitution on May 17, 1814. May 17, Norway's Independence Day, has become the most celebrated holiday in the country. Norway remained in a union with Sweden for another hundred years until the union was dissolved in 1905.

The foreign policy of the newly established nation after 1905 was to keep its distance from the power politics. The country's defense was built around a basis of non-alliance in peace combined with neutrality in war. During both WWI and WWII the Norwegian government was determined to uphold its policy of neutrality. But this dream collapsed on the night of April 9, 1940, when the Germans invaded Norway. The Royal family, the Norwegian Government, and some of the defense leadership fled the country for Great Britain. Norway remained occupied until the German surrender in 1945.

Foreign Policy

In the first years after WWII Norway kept a low profile in its foreign policy. The country hoped that the United Nations would provide sufficient security, and tried to avoid engaging in any international conflicts or joining any power blocs. After the Communist take-over in Eastern Europe, however, Norway joined NATO in 1949. Successive Norwegian governments have regarded NATO as a vital instrument for stability, disarmament, and balanced arms control in Europe. In 1992 Norway became an associate member of the Western European Union (WEU) and has supported a continuation of the process of strengthening European security and its crisis-handling capabilities. An especially important feature of Norwegian security policy is the Atlantic cooperation and the American security guarantee for Norway's defense within the NATO framework.

Despite the fact that the Nordic countries had chosen different security policy paths, they joined together in forming the Nordic Council in 1952. This political cooperation included the introduction of a Nordic passport union, a common labor market, and an integrated policy for air traffic.

Another significant issue where the paths of Norway and other Nordic countries separated was membership in the EC, later EU. The public referendums of 1972 and 1994 voted no to the membership. Norway remained, however, a member of the European Free Trade Organization (EFTO). The agreement of the European economic cooperation that was signed by EU and EFTO countries in 1992 guarantees Norway's participation in the development of the European economy and provides access to the EU's internal market.

The World Trade Organization (WTO) is also of great importance to Norway, as it is a country with a small population and extensive foreign trade. The WTO administers multilateral rules for international trade, and also aims at dismantling customs and non-tariff barriers and ensuring fair trade and equal rights for the trading countries.

In light of the increasing number of common tasks facing the world community, the Norwegian authorities consider the development of cooperation within the UN system to be of paramount importance. Norway has therefore put major emphasis on intensifying the United Nations' peacemaking activities. More than 55,000 Norwegians have served in UN units since 1947. In addition, Norway has been one of the biggest contributors to development aid, disaster relief, and international refugee work. It allots about 1 percent of its GNP to aid for the world's poorest nations.

Norway's efforts within the framework of the United Nations' work on global resource and ecology problems are also an important contribution. The Norwegian prime minister Gro Harlem Brundtland headed the UN World Commission for the Environment and Development in 1983–87, which in turn led to the UN Conference on the Environment and Development in Rio de Janeiro in 1992.

The Nobel Peace Prize

In his will, dated 1895, **Alfred Nobel** stipulated that the scientific prizes and the prize for literature should be awarded by Swedish institutions. But the decision regarding the peace prize was left to a committee appointed by the Storting, the Norwegian Parliament.

The reasons why Alfred Nobel, a Swede, entrusted this honorable task to the Norwegian national assembly are not quite clear. It may well be that this gesture was an attempt to defuse increasing agitation for the dissolution of the union between Sweden and Norway. On the other hand there is nothing to indicate that Nobel was particularly involved in this constitutional crisis, living outside Sweden as he did for most of his life.

Another explanation might lie in his presumed respect for the progressive work of the Storting in the international field.

The awards ceremony, always held in the presence of His Majesty the King, takes place on December 10. This is the anniversary of Alfred Nobel's death, and ceremonies are held on that date in both Stockholm and Oslo.

The Peace Prize has been awarded a total of 83 times. However, the number of prizewinners exceeds the number of prize-giving ceremonies. This is due to the fact that the prize has been divided between two prizewinners on several occasions. In other years no award was given. These interruptions have mainly been due to the two World Wars, but also during more peaceful periods the Committee has frequently been unable to arrive at a positive decision.

Government and the Royal Family

The year 1905 in Norwegian history marked the dissolution of the union and the deposal of the king, simultaneously preserving the governmental system that is rooted in the Norwegian Constitution. The new monarchy, like the old, was hereditary, but its new progenitor was selected by the Storting, the Norwegian Parliament.

The day-to-day role of the head of state in a modern monarchy is primarily of a symbolic nature. He represents his state and people. However, he has neither the right to vote nor obligation to pay taxes. All legislative power is exercised by the Storting, which is elected every four years and consists of 165 members.

The birth of the present king, **Harald V**, in 1937 was a very special event in Norway. This was the first time in 567 years that a prince had been born in Norway, and the birth ensured the line of succession in the relatively newly established Norwegian Royal Family. However, just a few years later the German occupation forced the Royal family to flee the country for England wherefrom it represented the power of the Norwegian state. An overwhelming reception was accorded to King Håkon when he returned to Norway. **Olav V** carried on the line from 1957. He became "the people's king": the skier, sailor, and citizen who bought his own tram ticket during the oil crisis of the early 1970s. Norwegians are also proud of the fact that the current king, Harald V, is the only king in present times who has won an Olympic gold medal—in sailing.

Harald V, who ascended to the throne in 1991, has to administer a changing royal heritage. The first important development in the royal history was the announcement in 1968 that then-Crown Prince Harald wished to marry **Sonja Haraldsen**, a Norwegian woman without royal ancestry. It triggered a heated political debate on the future of the monarchy, but ended in a royal marriage between the two. King Olav himself made the decision after having consulted the Government, the President of the Storting, and the leaders of the various parliamentary groups in the Storting. The public response was also favorable. The vast majority of the population accepted Sonja Haraldsen immediately with great enthusiasm. Another significant change occurred in 1990. A constitutional amendment gave women the right to inherit the throne. Until then succession proceeded only through males, so HRH Prince Haakon Magnus, though two years younger than his sister, was born the throne's heir.

The royal family celebrated the wedding between **Crown Prince Haakon Magnus** and **Mette-Marit Tjessem Høiby** in 2001, the wedding between **Princess Märtha Louise** and **Ari Behn** in 2002, as well as the birth of the first grandchild of the king and queen,

Maud Angelica Behn, born April 29, 2003. **Princess Ingrid Alexandra**, the firstborn child of Crown Prince Haakon and Crown Princess Mette-Marit, was born January 21, 2004, and became the first female heir to the throne, second in line of succession after her father.

Economy

Norway is one of the wealthiest countries in the world, ranked as the fourth highest country in GDP (PPP) per capita by the IMF in 2011. With 75 percent of the country covered with forests, Norway benefits from a well-developed forest industry. Over 12,500 miles (21,000 km) of the coastline provides for great maritime and fish industries. The country also possesses enormous energy resources in the form of waterpower. Both industries and private households obtain all their electric power from this renewable, nonpolluting source of energy.

Oil was discovered in Norway just some forty years ago. However, the country is now the world's second biggest exporter of oil, even though only 1 percent of the world's reserves are located in Norwegian territory. The reason Norway ranks so high is because it exports a total of 90 percent of its oil production. In 2010 oil, natural gas, and pipeline services constituted nearly 50 percent of total exports. Great Britain and the Netherlands are major markets for Norwegian oil and gas. It is estimated that present oil reserves will only be able to sustain the current production volume for another hundred years. Norway is the fifth largest producer of natural gas in the world.

Oil production is an important contributing factor to low unemployment in Norway. Even though it has risen during the past years from 2.6 percent to 3.2 percent in early 2012, it remains extremely low by European standards.

Norway is also a member of a number of international economic organizations. Norway signed the European Free Trade Agreement that established a free trade area for industrial goods. Although the country decided not to join the European Union, it closely cooperates with the EU, exporting over 75 percent of its exports of goods and services to the EU countries. Due to the agreement (EEA) between EU and EFTO, Norwegian firms have the same terms of competition within the internal European market as the EU's members.

Welfare State

Norway has extensive health services and a well-developed social security net. All Norwegian residents have a right to economic assistance and other forms of community support during illness, old age, or unemployment. About 35 percent of the state's budget is spent on the Norwegian health and social welfare system. All wage earners contribute a fixed percentage of their earnings by paying the national insurance tax. In addition, employers contribute by means of a payroll tax. Non-working spouses, the unemployed, students, and others without wages are exempted from social security tax, but they equally qualify for social security benefits.

As a basic principle, health services are distributed according to need rather than by ability to pay. Users' fees are limited—no one pays more than 1,880 NOK (339 USD) a year (in 2010) for public health services, including drugs and hospitalization. All employed persons have a right to sick pay from the first day of absence. The employer covers the costs for the first sixteen calendar days. After that, sickness benefits equivalent to full compensation are covered by the national insurance.

Social security also provides disability benefits for dysfunctional persons with support for medical expenses, practical help and care at home, the acquisition of mobility and other aids, and even a specially equipped car, if necessary.

The retirement age in Norway is sixty-seven. For the rest of their lives, retired Norwegians receive an old age pension from the National Insurance Fund. All Norwegian residents are guaranteed a minimum pension. Public employees receive a pension corresponding to two-thirds of their former salaries—a level common among private pension plans as well.

The Social Security system also provides support for families with children. Pregnant women are entitled to a maternity leave with full pay for ten months or 80 percent pay for twelve months. In accordance with the paternity quota, four weeks of the leave must be taken by the father, or otherwise lost. This quota has increased the number of fathers who exercise their right to take time off for childcare from 4 percent to 80 percent. In addition, the state and municipality compensates around two-thirds of child day care expenses and pays a monthly family allowance for each child of 1,000 NOK (150 USD) up to the age of eighteen.

Norway has a large middle class. Very few people are either rich or poor, largely because of the progressive income tax and a good social support system.

Religion

The establishment of Christianity at around AD 1000 was a cultural revolution—the western European faith replaced the old Norse beliefs. But about 500 years later, the Reformation and then pietism shook things up.

A German, Martin Luther, translated the Bible into ordinary German, so that it could become the public domain—rather than reserved for the learned few. He also reformed the understanding of the Scriptures. The king's ordinance introduced Reformation in Norway and Denmark in 1537.

The development took another leap in the same direction a couple of centuries later with pietism, another German import that emphasized fearful personal surrender to God. At that time schooling was based almost solely on studies in Christianity—the other two subjects were reading and writing.

Having undergone such religious developments, Norway defined itself as a "Christian nation" in its Constitution by declaring that "The Evangelical-Lutheran religion shall remain the official religion of the State." The present arrangement is that the Church generally rules itself, the state pays the bill, and the people are members. Per capita, Norway is among the countries in the world with the highest Christian population. Almost 90 percent of the population belongs to the state church. However, at the same time it is one of the most secular and liberal nations in the world. Membership in the church does not always mean active participation in the religious activities, belief system, or other aspects of religious doctrine.

According to the state church arrangement, the king is the ruler of the Church. And any ruler has to make controversial decisions now and then. King Olav V did so in 1961 when he appointed the first woman priest. King Harald V did the same in 1993 when he made sure that Norway got its first female bishop.

Famous Norwegians

Norway can pride itself on its native explorers and scientists, who in the true spirit of adventure, dared to attempt more than others. **Roald Amundsen** (1872–1928) was the first person in the world to reach the vast icy expanses of the South Pole. **Fridtjof Nansen** (1861–1930), a scientist and arctic explorer, crossed Greenland on skis and navigated the ice floes in the Arctic Ocean in the ship *Fram*. He was awarded the Nobel Peace Prize in 1922 for humanitarian aid to prisoners of war, refugees, and famine victims in the former Soviet Union. Scientist **Thor Heyerdahl** (b. 1914) sailed from South America to Polynesia to prove that Native Americans could have made the same voyage centuries ago. He also proved by means of his papyrus boat *Ra* that even people of ancient civilizations could have crossed the Atlantic Ocean.

Norway's cultural landscape is also renowned for quite a few internationally acclaimed artists, writers, and composers. **Henrik Ibsen's** (1828–1906) *Ghosts* and *A Doll's House* are regularly performed in both Norwegian and international theatres. **Knut Hamsun** (1859–1952) received the Nobel Prize in 1920 for his novel *The Growth of the Soil,* but is probably better known for his astounding personal account in *Hunger.* One contemporary example of the unprecedented literary success is **Jostein Gaarder's** (b.1952) *Sophie's World*, a fictionalization of the history of philosophy for children and young people. The book is published in 45 languages and has sold more than 20 million copies around the world. Few paintings are as well known as *The Scream* by modern expressionist **Edvard Munch** (1863–1944). Composer **Edvard Grieg** (1843–1907) is famed for his "Morning Mood"—a part of the Peer Gynt Suites inspired by Ibsen's famous play *Peer Gynt.*

The Norwegian musical scene is probably less known internationally, but **A-HA** certainly evokes memories for teenagers of the '80s. In 1986 "Take On Me" became a hit, topping the charts in the United States and subsequently throughout the world. Its trailblazing music video featured a combination of animation techniques and ordinary film. Shortly after came other songs like "The Sun Always Shines On TV" and "Manhattan Skyline," now classics. In the context of popular music in a wider sense, saxophonist **Jan Garbarek** (b. 1947) stands foremost as a representative of the new European jazz. Another emerging Norwegian name on the international music scene is **Sissel Kirkeby**—the Norwegian singing sensation, with worldwide album sales topping 8 million. At home in Scandinavia, Sissel has been a household name for years, with her albums going gold and platinum in Denmark, Sweden and Norway, where the world discovered her during the 1994 Winter Olympics in Lillehammer. Sissel has made records with opera stars Placido Domingo and Bryn Terfel, duetted with pop sensation Josh Groban and was the ethereal voice in the music for the Oscar-winning film *Titanic*.

With over half of Norwegians taking part in sporting activities on a regular basis, it's no surprise that Norway can pride itself on a staggering number of sports achievements. **Sonja Henie** (1912–1969) won ten world figure-skating championships and three Olympic gold medals. **Grete Waitz** (b. 1953) will be remembered as a pioneer of women's long-distance running. She won running marathons in New York and London, a world marathon, and world cross-country championships. In the 1992 Winter Games in Albertville, cross-country skiers **Vegard Ulvang** and **Bjørn Dæhlie** brought home three gold medals each. Dæhlie went on to win two gold medals at the 1994 Winter Olympics in Lillehammer, and has won more Ski World Cup races than any other cross-country skier in history.

The Sami People

The Sami are an indigenous people and an ethnic minority in Norway, Sweden, and Finland. The Sami population in Norway is estimated to be around 40,000 or 45,000 people. Originally nomadic, now only 10 percent of the Sami population lives as reindeer keepers.

According to the Sami law, a person is Sami by considering him- or herself as such, and the Sami language is his or her ancestors' native language. The Sami language therefore is of crucial importance when it comes to the voting rights or elective eligibility to the **Sameting**, the Sami Parliament.

The Sameting was established in 1987. It is a governmental organ for the Sami population that convenes four times a year for weeklong plenary sessions and leads the legislative body's day-to-day political activities.

After years of cultural oppression due to the politics of Norwegianization, the Sami minority now enjoys ethnic, cultural, and political acknowledgement. The Sami language became a subject taught in schools, and Sami children have the right to study in their native language. The Norwegian government also wants to increase the usage of the Sami language in public administration.

The Sami language is the native language for approximately 20,000 Sami people who mainly live in the north of Norway. It is an official language in Norway, but it is not related to Norwegian, and it is incomprehensible to Norwegian speakers who have not studied it.

Alphabet and Pronunciation

Symbols

[ ]   – pronunciation brackets
[a]   – short vowel *a*
[a:] – long vowel *a*
[_] – stress on the underlined syllable (otherwise the first syllable
        is stressed)
[ş ş] – *sh* as in shoe
[ç]   – devoiced *ch,* similar to a more pronounced *h* sound as in
        human or *huge*
[ŋ]   – nasal *ng* as in *singing*
[ŋ]   – nasal *nk* as in *sinking*

Note: Most words in the vocabulary lists have their pronunciation
transcribed, except where the word's pronunciation is identical to its
spelling, in which case the transcription is omitted.

Alphabet

A	B	C	D	E	F	G	H	I	J	K	L	M
N	O	P	Q	R	S	T	U	V	W	X	Y	Z
				Æ	Ø	Å						

Vowels*	Short	As In	Long	As In
A	navn [navn]	hut	mat [ma:t]	far
E	jente [jente]	egg	tre [tre:]	fair
I	ikke [ike]	pig	ti [ti:]	deep
O	om [om]	book	bo [bo:]	boot
U**	gutt [gut]	umlaut ü [ioo]	du [du:]	umlaut ü: [ioo:]
Y**	yrke [yrke]	umlaut ÿ ***	bety [bety:]	umlaut ÿ***
Æ	herr [hær]	open e, shorter than in 'bag'	vær [væ:r]	bag
Ø**	trøtt [trøt]	umlaut ö [io]	sprø [sprø:]	umlaut ö: [io:]
Å	måtte [måte]	Not (Br. Eng.)	må [må:]	war

* The length of Norwegian vowels varies. There is no sure way to know whether a vowel is short or long. Therefore the pronunciation of most words has been transcribed in the book. Untranscribed words should be pronounced in accordance with the following rule:
  – If a vowel in a stressed syllable is followed by one consonant, the vowel is long. For example, the word _heter_ is stressed on the first syllable, and the vowel -e is followed by the single consonant -t. Therefore, the stressed vowel is long [he:ter].
  – If a vowel in a stressed syllable is followed by two consonants, the vowel is short. For example, the word _farge_ is stressed on the first syllable, and the vowel -a is followed by two consonants -rg. Therefore, the vowel is short [farge].

** These vowels do not have corresponding vowels in English. Therefore, approximate English equivalents for these vowels in the column **As In** are modified in the brackets to better reflect the correct sound.

*** This is a rounded front vowel—to an untrained ear it sounds very similar to the above transcribed vowel _i_. Phonetically it stands in between _i_ and _u_. In order to produce this sound correctly you have to put your lips a bit forward (as if you are getting ready to give somebody a kiss) and try to pronounce Norwegian *i*.

Consonants (if different from English)	Norwegian	As In
C	circa [sirka]	circus
G*	ganske [ganske]; gi[ji:]	groggy, yeast
J	ja [ja:]	yes
Q	quiz [kvis]	Lakeview
R**	riktig [rikti]	
W	W.C. [ve: se:]	virtue
Z	zodiak [so:dia:k]	soda

*Norwegian g is pronounced as [j] (as in *yeast*) only when preceding *i* or *y*
**Norwegian *r* is similar to the tap *r*, and when it precedes consonants *d* and *t*, it approximates the flapped *d/t* in English, as in *ladder* and *letter*.

Letter Combinations	Norwegian	As In
RS	norsk [noʂk], forsikring [fåʂikriŋ]	shoe
SL	slå [ʂlå:], sle`m [ʂlem], utslitt [u:tʂlit]	sh+l
SK*, SJ, SKJ	skive [ʂi:ve], sju [ʂu:], skjema [ʂe:ma]	shoe
K**, KJ, TJ	kino [çi:no], kjole [ço:le], tjue [çu:e]	devoiced *ch*, or close to *h* as in huge, just more pronounced
NG	penger [peŋer]	singing
NK	synke [syŋke]	sinking
HV	hva [va:] (**h** is silent)	very

* The sk is only pronounced [ʂ] if in front of i or y
** The k is only pronounced [ç] when preceding i or y

Diphthongs	Norwegian	As In
AI	hai [hai]	hi
AU	audiens [æudiens]	ouch, meow
EI	hei [hei]; [æi]	hey
EU	Europa [æuro:pa]	ouch, meow
OI	koie [kåie]	boy
UI	hui [hui]	[ui] shorter than in fluid
ØY	øye [øie]	umlaut ö+ye [ioe]

Abbreviations

adj.	adjective
adv.	adverb
conj.	conjunction
interj.	interjection
lit.	literally
N.	name
n.	noun
n./pl.	noun plural
pl.	plural
prep.	preposition
pron.	pronoun
v.	verb

Tips: How to Study Norwegian

- Use the audio CDs when studying the dialogue, vocabulary, and expressions for each lesson. Studying a language as it is spoken is an essential part of learning it.

- Start every chapter by spending 10 minutes on the vocabulary list. It is an efficient way of learning new words: it will save you time because you will be able to recognize most of them in the text without looking at the translation or the vocabulary list. And it is a great memory check-up: it will help you to remember new words in the long run since you will see them a number of times throughout the text and grammar exercises. After you are done with a chapter you will know 80 to 90 percent of the new vocabulary without much effort.

- When studying vocabulary, however, do not focus just on Norwegian words and their meanings in English. You will notice very quickly that it is much easier to recognize a word in a Norwegian text and know what it means in English than to reproduce it from English to Norwegian. Therefore, if your goal is not only to read, but also speak Norwegian, spend more time on the English side of the vocabulary list. For example: you come across the word *spørsmål*, you look it up in the dictionary and find out it means *question*. Next time you see it in the text, you will most likely remember its English meaning. However, if you had to use it in a conversation, there is a good chance you would not remember what the word *question* is in Norwegian. Therefore, when learning vocabulary, cover the Norwegian side of the word list with a sheet of paper, and looking at the English side, try to recollect their Norwegian equivalents.

- Do grammar exercises without looking at the vocabulary list or using other resources, unless absolutely necessary. Exercise your memory.

- Pay extra attention to prepositions. Norwegian verbs take different prepositions than English, and while you will be able to understand the meaning of the prepositional phrase, it will be much harder to use them correctly. Use a marker to highlight them in the texts.

- Don't agonize over something you don't fully understand. There is a possibility it will be explained further in the book. However, if it is not, it is intentional. Grammar and vocabulary in *Beginner's Norwegian* is introduced gradually in a deliberate sequence, and thirteen chapters can cover just the very basics.

- The book is challenging, but rewarding—you will be surprised to see how much of Norwegian you have learned in thirteen chapters.

Have fun!

Leksjon 1

Lesson 1

Samtale: Hyggelig å møte deg

1:2

1:3

Anna: Hei! *Jeg heter*[1] Anna. Hva heter du?

Peter: Jeg heter Peter. Og hva heter han?

Anna: Jeg tror at han heter Ole. Han *er*[2] fra Bergen. Er du også fra Bergen?

Peter: Nei, jeg er ikke fra Bergen, jeg er fra Oslo. Og hvor *kommer*[3] du fra?

Anna: Jeg kommer fra Trondheim, men jeg bor i Oslo nå. Hvor gammel er du, Peter?

Peter: Jeg er 23. Og du?

Anna: Jeg er 20. Hei, Ole!

Ole: Hei, Anna!

Anna: Ole, dette er Peter. Han er fra Oslo. Peter, dette er Ole. Han er fra Bergen, men han bor også i Oslo nå.

Peter: Hyggelig å møte deg, Ole.

Ole: I like måte. Hyggelig å se deg igjen, Anna.

Anna: I like måte. Ha det!

Ole: Ha det bra!

Conversation: Nice to Meet You

Anna: Hi! My name is Anna. What is your name?

Peter: My name is Peter. And what is his name?

Anna: I think his name is Ole. He is from Bergen. Are you also from Bergen?

Peter: No, I am not from Bergen, I am from Oslo. And where do you come from?

Anna: I come from Trondheim, but I live in Oslo now. How old are you, Peter?

Peter: I am 23. And you?

Anna: I am 20. Hi, Ole!

Ole: Hi, Anna!

Anna: Ole, this is Peter. He is from Oslo. Peter, this is Ole. He is from Bergen, but he also lives in Oslo now.

Peter: Nice to meet you, Ole.

Ole: Likewise. Nice to see you again, Anna.

Anna: Likewise. Bye bye.

Ole: Good-bye.

Fotnoter / Footnotes

[1] *jeg heter*
   hva heter du?

This literally means *I am called,* so the next question would mean *what are you called?*

[2] *er*

This is a conjugated form of the verb *å være* – *to be.* It means *am, is,* and *are.* In other words, all subjects take the same verb form:

jeg er	*I am*
du er	*you* (sg.) *are*
han/hun/det er	*he/she/it is*
vi er	*we are*
dere er	*you* (pl.) *are*
de er	*they are*

[3] *kommer*

As with the verb above, *kommer* is a conjugated form that goes with all subjects. It is directly derived from its infinitive form *å komme* – *to come.* Most verbs follow the same pattern.

Infinitive	Conjugated Form
å komme	*komme* + *r* = *kommer*
å hete	*hete* + *r* = *heter*
å tro	*tro* + *r* = *tror*
å bo	*bo* + *r* = *bor*
å møte	*møte* + *r* = *møter*

Exception

å være	*er* [ær]

Grammatikk / Grammar

Ordstilling / Word Order

Declarative Statement: Norwegian has a rather strict word order, as shown below. (However, as you will later see, beginning in Leksjon 8, Norwegian also has a degree of flexibility.) The main thing to remember now is that the negative adverb *ikke* or another adverb, other than place or time, always follows a verb.

Subject	Verb	Adverb/ Negative P.	Object	Place Adverb	Time Adverb
Jeg	er	ikke		fra Bergen.	
Jeg	heter		Anna.		
Han	bor	også		i Oslo	nå.

Question: Norwegian does not have the equivalents to English auxiliary words *does/do*. A Norwegian question starts either with a question word followed by a verb, or by a verb itself, depending on the nature of the question. As you notice below, the main difference between a direct statement and a question is that in the former case a subject precedes a verb, while in the latter a verb precedes a subject. The rest remains the same. Compare examples.

Question Word	Verb	Subject	Adverb/ Negative P.	Object	Place Adverb	Time Adverb
	Er	du	ikke		fra Bergen?	
Hva	heter	du?				
	Bor	han	også	.	i Oslo	nå?

Merk! / Note!

• Norwegian still has a polite form *De* that is sometimes used in official contexts and paperwork. However, its usage has been almost lost. It is no longer necessary to use it when talking to an older person, your superior, or anyone you want to show respect to. Actually quite the opposite is true—it would sound strange if you addressed your teacher or your boss with *De*.

1: 4 Ordlisten / Vocabulary

hyggelig	[hygeli]	nice, fun
å møte	[mø:te]	to meet
deg	[dæi]	you (object)
hei	[hæi]	hi
jeg	[jæi]	I
å hete	[he:te]	to be called
hva	[va:]	what
du	[du:]	you (sing.)
og	[å:g]	and
å tro	[tro:]	to believe, to think
at	[at]	that
han	[han]	he
fra	[fra:]	from
også	[åså]	also
nei	[næi]	no
ikke	[ike]	not
hvor	[vo:r]	where
å komme fra	[kåme]	to come from
men	[men]	but
å bo	[bo:]	to live, dwell
i	[i:]	in
nå	[nå:]	now
gammel	[gamel]	old
dette	[dete]	this
å se	[se:]	to see
igjen	[ijen]	again

1:5

Uttrykk / Expressions

hyggelig å møte deg	nice to meet you
hvor gammel er du?	how old are you?
i like måte [i li:ke må:te]	likewise; in like manner
hyggelig å se deg igjen	nice to see you again
ha det; ha det bra	bye bye; (*lit.*: have it well)

Oppgaver / Exercises

1. Fyll ut det følgende med riktig form av verb.
Fill out the following with the correct form of the verb.

Hun (å hete) _____ Anna. Anna (å komme)

_____ fra Trondheim. Hun (å møte) _____

Peter. Hun (å tro) _____ at Peter (å være)

_____ fra Bergen. Men Peter (å komme)

_____ ikke fra Bergen, han (å komme)

_____ fra Oslo. Anna (å se) _____ Ole.

Anna: Hyggelig (å se) _____ deg igjen, Ole.

Ole: I like måte.

Peter (å møte) _____ Ole.

Peter: Hyggelig (å møte) _____ deg!

Ole: I like måte.

2. Sett de følgende ordene i en riktig ordstilling.
Place the following words in the correct order.

1) kommer   jeg   Bergen   fra   ikke   .

_____

2) fra   Oslo   han   er   også   ?

_____

3) bor   hun   nå   hvor   ?

_____

4) jeg   i   tror   at   hun   Oslo   bor   .

_____

3. Fyll ut teksten nedenfor med riktige ord.
Fill in the text below with the correct words.

Peter _____ fra Oslo, og han _____ i Oslo.

Anna _____ fra Trondheim, men _____ bor

i Oslo. Ole kommer _____ fra Trondheim, han kommer

_____ Bergen. Han bor _____ i Oslo. Anna

_____ Ole:

Anna: Ole, _____ å se deg igjen.

Ole: I like _____.

Anna: Ole, _____ er Peter. Peter, _____

er Ole.

Peter: Hyggelig _____ deg.

Ole: _____.

4. Oversett til norsk.
Translate into Norwegian.

1) What is your name?

2) What is his name?

3) Where do they come from?

4) Does she live in Bergen?

5) We do not live in Trondheim, we live in Oslo now.

6) Peter meets Ole.

7) Where is Trondheim?

8) Do you think that my name is Tor?

9) I think your name is Peter.

10) I do not think that you are from Bergen. I think you are from Oslo.

11) This is Anna.

Leksjon 2

Lesson 2

Samtale: Snakker du norsk?

1:6

1:7

Neste dag møter Anna Peter på universitetet igjen. Han er sammen med *ei[1]* jente.

Anna: Hei, Peter! *Hvordan går det[2]?*

Peter: Takk, det går bra. Og med deg?

Anna: Bare bra, takk.

Peter: Anna, dette er Line. Hun er fra USA. Hun er også student på universitetet.

Line: Hyggelig å møte deg, Anna.

Anna: I like måte. Snakker du norsk?

Line: Ja, jeg kan snakke litt norsk. Min mor og far er fra Norge, og jeg studerer norsk på universitetet. Snakker du engelsk?

Anna: Ja, jeg snakker engelsk. Min far er fra England. Og min mor er norsk. Vil du snakke engelsk med meg?

Line: Nei, jeg *vil gjerne snakke[3]* norsk. Jeg lærer mer når jeg snakker norsk.

Peter: Anna, hva skal du gjøre i kveld?

Anna: Jeg tror jeg skal studere.

Conversation: Do You Speak Norwegian?

The next day Anna again meets Peter at the university. He is with a girl.

Anna: Hi, Peter! How's it going?

Peter: It's going fine, thanks. And with you?

Anna: Fine, thanks.

Peter: Anna, this is Line. She is from the USA. She is also a student at the university.

Line: Nice to meet you, Anna.

Anna: Likewise. Do you speak Norwegian?

Line: Yes, I can speak a little Norwegian. My mother and father are from Norway, and I am studying Norwegian at the university. Do you speak English?

Anna: Yes, I speak English. My father is from England. And my mother is Norwegian. Do you want to speak English with me?

Line: No, I would rather speak Norwegian. I learn more when I speak Norwegian.

Peter: Anna, what will you do tonight?

Anna: I think I will study.

Peter: Line og jeg skal gå på kino i kveld. Vil du bli med?

Anna: Jeg vil gjerne bli med. Kan jeg invitere Ole?

Peter: Ja, selvfølgelig. *Vi sees*[4] i kveld!

Anna: Vi sees!

Peter: Line and I will go to the movie theater tonight. Do you want to come along?

Anna: I would love to come along. Can I invite Ole?

Peter: Yes, of course. See you tonight!

Anna: See you!

Fotnoter / Footnotes

¹ ei	This is a feminine indefinite article. See the Grammar section for more information.
² Hvordan går det?	Even though this is translated into English as *How's it going,* using present continuous tense, it literally means *How does it go* as present simple. Norwegian does not differentiate between continuous and simple tenses. In other words, both *he is going* and *he goes* will be translated as *han går* in Norwegian.
³ jeg vil gjerne snakke	*Gjerne* is a polite insert that means *with pleasure, gladly, preferably, rather.* However, it rarely retains its literal meaning in English translations. As in the case of *Jeg vil gjerne snakke*, it is translated as *I would like to speak* rather than *I want to gladly speak.* In another example further in the text *Jeg vil gjerne bli med* is translated as *I would love to come along.*
⁴ Vi sees	This is an example of a reciprocal verb, which means *we will see each other.*

Grammatikk / Grammar

Indefinite Articles

Traditionally Norwegian nouns have three genders: masculine, feminine and neuter.

Masculine	*en*	*en kveld – an evening*
Feminine	*ei*	*ei jente – a girl*
Neuter	*et*	*et universitet – a university*

All three of them are noted in the book when appropriate. While neuter usually stands on its own, masculine and feminine are frequently interchangeable. Of those only a handful are traditionally used in feminine (*ei mor* = *a mother, ei bok* = *a book etc.*). The book does not assign preferences in regards to masculine and feminine due to the fact that Norwegian (Bokmål) has been evolving to accept masculine as a preferred gender, even in words that traditionally have been used in feminine. The feminine gender losing ground certainly adds efficiency to the learning of Norwegian, as students can choose to learn only two genders instead of three. There is no way to know what gender a noun takes except for by memorizing it.

Modale verb / Modal Verbs

Infinitiv / Infinitive	Presens / Present Tense	Betydning / Meaning
å kunne	*kan*	*can, be able to, may*
å ville	*vil*	*want to*
å måtte	*må*	*must, have to*
å skulle	*skal*	*shall, will*
å burde	*bør*	*ought to, should*

- Notice that the modal verbs are irregular in that their conjugated forms have different stems than infinitives. Do you remember one more verb that is irregular? It is the verb *å være,* and its conjugated form is *er.*

- The most important thing to remember about modal verbs is that the verbs following them are used as incomplete infinitives since they lose their infinitive marker *to – å.* Look at the example below: *snakke* is not a conjugated form here, but rather an infinitive. Since it follows the modal verb *kan,* the particle *å* is skipped.

Jeg kan snakke norsk.   *I can speak Norwegian.*

If, however, we have a sentence that is similar in structure, but does not contain any modal verbs, the infinitive marker *å* has to be included, as is the case in English.

Jeg lærer å snakke norsk.   *I am learning to speak Norwegian.*

Merk! / Note!

- *vil* does NOT mean *will* in English, but rather *want* or *going to*!

- as you can see *skal* means *shall/will*. In other words, you already know how to express future tense in Norwegian!

- *må* primarily means *must*. It is also the ONLY word in Norwegian that means *have to*. A literal translation of *have to* to *ha å* is impossible. In other words, whether you *must* or *have to* do something in English, you *må* in Norwegian. *e.g. You have to/must speak Norwegian = Du må snakke norsk.*

- if you have a negative sentence containing two verbs, note that the negative adverb *ikke* follows the first verb, NOT the second.

  Jeg kan ikke snakke norsk.   *I can not speak Norwegian.*

  Jeg lærer ikke å snakke norsk. *I am not learning to speak Norwegian.*

1:8
Ordlisten / Vocabulary

å snakke	[snakke]	to speak
norsk	[nåşk]	Norwegian
neste	[neste]	next
en dag	[da:g]	a day
sammen	[samen]	together
med	[me:]	with
en/ei jente	[jente]	a girl
hvordan	[vo:rdan]	how
å gå	[gå:]	to walk, to go
det	[de:]	that; it
takk	[tak]	thanks
bra	[bra:]	well, good
bare	[ba:re]	only, just
en student	[student]	a student
å kunne (kan)	[kune]	can, be able to
litt	[lit]	a little
min	[mi:n]	my
en far	[fa:r]	a father
en/ei mor	[mo:r]	a mother
å studere	[stude:re]	to study
engelsk	[eŋelsk]	English
å ville (vil)	[vile]	to want; be going to
meg	[mæi]	me
gjerne	[jæ:rne]	gladly, just as well
å lære	[læ:re]	to learn, study; teach
mer	[me:r]	more
når	[når]	when
å skulle (skal)	[skule]	shall, will
å gjøre (gjør)	[jø:re]	to do

en kveld	[kvel]	an evening
i kveld	[i kvel]	tonight, this evening
en kino	[çi:no]	a movie theater
på kino	[çi:no]	to/at the movie theater
å bli med	[bli: me:]	to join, to come along
å invitere	[invite:re]	to invite
selvfølgelig	[selfølgeli]	of course
å måtte (må)	[måte]	must, have to
å burde (bør)		ought

1 : 9

Uttrykk / Expressions

Hvordan går det?	How's it going?; How are you?
Det går bra, takk.	It is going well, thanks.
Og med deg?	And with you?; And what about you?
Bare bra, takk.	Just fine, thanks (the most neutral way of responding).
Jeg vil gjerne ...	I would like to ...
Vi sees!	See you!

Oppgaver / Exercises

1. **Husker du hvilken ubestemt artikkel disse ordene tar?**
   Do you remember which indefinite article the following
   words take?

   mor   far   universitet   kveld   kino   student   dag

   Ei   **En**   **Et**

2. **Fyll ut dialogen.**
   Fill in the missing dialog parts.

   Anna: _____, Peter?

   Peter: Det går bra, takk. _____?

   Anna: Bare bra, _____.

   Peter: Hyggelig_____ igjen, Anna.

   Anna: _____. Ha det!

   Peter: _____.

3. **Fyll ut det følgende med riktige former av verb: infinitiv,**
   infinitiv uten *å* eller presens.
   Complete the following text with the correct forms of verbs:
   infinitive, incomplete infinitive, or present tense.

   Neste dag (å møte) _____ Anna Peter. Peter (å være)

   _____ sammen med ei jente. Hun (å hete) _____

   Line. Line (å komme) _____ fra USA. Line (å kunne)

   _____ (å snakke) _____ litt norsk. Men hun

   (å lære) _____ (å snakke) _____ mer norsk på

universitetet. Peter (å invitere) _____ Anna og Line (å gå)

_____ på kino. Anna (å måtte) _____ (å studere)

_____, men hun (å ville) _____ også (å bli)

_____ med.

Hun (å skulle) _____ også (å invitere) _____ Ole.

4. Oversett til norsk.
Translate into Norwegian.

1) I have to study Norwegian.

2) I want to come along.

3) I cannot go to the movie theater tonight.

4) She studies Norwegian at the university.

5) Can you speak English?

6) You can meet me at the movie theater.

7) We want to invite Ole.

8) How is it going?

9) I will come tonight.

10) They will come along.

Leksjon 3

Lesson 3

1:10

Samtale: Skal vi lage frokost sammen?

1:11

Neste dag ringer Line til Anna, Peter og Ole. Hun sier at hun vil spise frokost sammen. Hun sier at hun skal lage amerikansk frokost, og hun spør om Anna, Peter og Ole kan lage norsk frokost. De sier at det er en god idé. De kommer til *Lines[1]* leilighet og begynner å lage mat.

Ole: Jeg er sulten. Her er et brød, skinke, og ost.

Anna: Jeg har *brunost[2]* og syltetøy.

Peter: Hvem er tørst? Jeg har melk, kaffe og juice. Hva vil dere ha å drikke?

Line: Kan jeg få litt melk? Jeg skal lage amerikansk frokost. Det er frokostblanding med melk.

Ole: Og vi skal lage norsk frokost. Det er *ei brødskive[3]* med ost og ei brødskive med skinke.

Anna: Og jeg skal lage ei skive med skinke, ei skive med syltetøy og ost og ei skive med brunost. Line, hva vil du ha å spise?

Line: Jeg vil gjerne ha ei skive med ost og syltetøy. Og jeg vil også ha ei skive med brunost.

Anna: Vær så god.

Line: Tusen takk.

Conversation: Shall We Make Breakfast Together?

The next day Line calls Anna, Peter, and Ole. She says that she wants to eat breakfast together. She says that she will make an American breakfast, and she asks if Anna, Peter, and Ole can make a Norwegian breakfast. They say that it is a good idea. They come to Line's apartment and start making food.

Ole: I am hungry. Here is bread, ham, and cheese.

Anna: I have goat's cheese and jelly.

Peter: Who is thirsty? I have milk, coffee, and juice. What would you like to drink?

Line: Can I have some milk? I will make a American breakfast. It is cereal with milk.

Ole: And we will make a Norwegian breakfast. It is a sandwich with cheese and a sandwich with ham.

Anna: And I will make a sandwich with ham, a sandwich with jelly and cheese, and a sandwich with goat's cheese. Line, what would you like to eat?

Line: I would like a sandwich with cheese and jelly. And I would also like to have a sandwich with goat's cheese.

Anna: Here you are.

Line: Thank you very much.

Peter: Line, hva vil du ha å drikke? Liker du juice til frokost?

Line: Nei, takk. Kan jeg få en kopp kaffe?

Peter: Vær så god.

Ole: Jeg *har* også *lyst på*[4] en kopp kaffe og på ei skive med ost og på ei skive med skinke. Og jeg vil gjerne ha frokostblanding med melk.

Anna: Jeg har også lyst på frokostblanding. Peter, vil du ha litt frokostblanding?

Peter: Ja, gjerne. Og jeg har også lyst på en kopp kaffe.

Anna: Med melk og sukker?

Peter: Med melk, men uten sukker, takk.

Line: Jeg er forsynt. Tusen takk for maten.

Ole: I like måte, Line. Jeg er mett.

Anna: Takk for maten. *Den*[5] var god.

Peter: Det var en god frokost.

Peter: Line, what would you like to drink? Do you like juice for breakfast?

Line: No, thank you. Can I get a cup of coffee?

Peter: Here you are.

Ole: I would also like a cup of coffee and a sandwich with cheese and a sandwich with ham. And I would also like cereal with milk.

Anna: I would also like some cereal. Peter, would you like some cereal?

Peter: Yes, please. And I would also like a cup of coffee.

Anna: With milk and sugar?

Peter: With milk, but without sugar, thank you.

Line: I am full. Thank you for the food.

Ole: Likewise, Line. I am full.

Anna: Thanks for the food. It was good.

Peter: It was a good breakfast.

Fotnoter / Footnotes

[1] *Lines*   The letter *s* at the end of *Line* expresses the posses-
sive. Note that Norwegian possessives are written
without an apostrophe.

[2] *brunost*   This literally means *brown cheese*. It is a special
Norwegian cheese originally made of goat's milk.
It is brown and has a specific sharp taste with a hint
of caramel. Now it is also made with cow's milk or
half cow's and half goat's milk.

[3] *ei brødskive*   This is a compound noun made of *et brød* and *ei
skive*, that literally means *a slice of bread*. Note
that the gender of the compound noun depends on
the second word, in this case *ei skive*. Also note
that the expression *ei brødskive med ost/skinke* is
translated as *a sandwich* (to be more specific—*a
cheese/ham sandwich*). Norwegian does not have a
single word for *a sandwich*.

[4] *jeg har lyst på*   This literally means *I have wish for* or *I have desire
for*. It is a very common expression that simply
means *I want / I would like*.

[5] *den*   *Den* together with the previously discussed pronoun
det means *it*. However, *det* is used in general situa-
tions, or when it replaces a neuter noun. For example:

Det er et brød.   It is a loaf of bread.
                     (general, no reference)

Det er stort.   *It (the bread) is big.*
                    (*Det* refers to *et brød*)

Den, on the other hand, is used when a feminine or masculine noun is replaced with the pronoun *it.* For example:

Det er ei skive.   *It is a slice.*
                       (general, no reference)

Den er stor.   *It is big.*
                   (*Den* refers to *ei skive*)

Grammatikk / Grammar

Preposisjoner / Prepositions

- Prepositions are probably one of the most confusing parts of learning Norwegian. Rules are frequently undermined by exceptions, and apparently similar expressions take different prepositions in English and Norwegian. Therefore, for the most part, the best strategy is to memorize them, taking a few expressions at a time.

å ringe til noen	to call somebody
å spørre om noe	to ask about/if something
å ha lyst på noe	want something; would like something

- There are also some consistencies in the way certain prepositions are used. If a noun takes *til* for direction, it will most likely take *i* for place, and vice versa. If a noun takes *på* for direction, it will most likely take *på* for place, and vice versa. The only trick is to remember which group each noun falls into.

Retning / Direction	til / to	De kommer til Lines leilighet. They come to Line's apartment.
Sted / Place	i / in	De er i Lines leilighet. They are in Line's apartment.
Retning / Direction	på / to	Jeg går på kino/universitetet. I go to the movie theater/university.
Sted / Place	på / in, at	Jeg er på kino/universitetet. I am at the movie theater/university.

Merk! / Note!

- Do you remember the first verb that had an irregular present tense? Now you have a list of four:

å være	er	to be
å gjøre	gjør	to do
å si	sier	to say
å spørre	spør	to ask

Also refer to Lesson 2, page 53, for a list of modal verbs that fall into the same category.

1: 12

Ordlisten / Vocabulary

en frokost	[fro:kost]	a breakfast
å ringe	[riŋe]	to call
å si (sier)	[si:] [si:er]	to say
å spise	[spi:se]	to eat
å lage	[la:ge]	to make
amerikansk	[amerika:nsk]	American
å spørre (spør)	[spøre]	to ask
god	[go:]	good
en idé	[ide:]	an idea
en leilighet	[læilihe:t]	an apartment
å begynne	[bejyne]	to begin
en mat	[ma:t]	food
sulten	[sultn]	hungry
her	[hæ:r]	here
et brød	[brø:]	bread
en/ei skinke	[şinke]	ham
en ost	[o:st]	cheese
en brunost	[bru:no:st]	caramelized goat cheese
et syltetøy	[syltetøy]	jelly
hvem	[vem]	who
tørst	[tøşt]	thirsty
en melk	[melk]	milk
en kaffe	[kafe]	coffee
en juice	[ju:s]	juice
å drikke	[drike]	to drink
å få	[få:]	to get
en frokostblanding	[fro:kostblaniŋ]	cereal (*lit.*: breakfast mix)
en/ei brødskive	[brø:şi:ve]	a slice of bread, a sandwich
tusen	[tu:sen]	thousand
takk	[tak]	thanks

å like	[liːke]	to like
en kopp	[kåp]	a cup
et sukker	[soker]	sugar
uten	[uːtn]	without
forsynt	[fåṣynt]	satisfied, full
mett	[met]	full
var	[vaːr]	was, were

1: 13

Uttrykk / Expressions

Hva vil du ha å drikke/spise?	What would you like to drink/eat?
Vil du ha noe å drikke/spise?	Would you like something to drink/eat?
Kan jeg få ... ?	Can I get/have ... ?
Jeg vil gjerne ha ...	I would like ...
Vær så god	Here you are; please (*lit.*: be so good)
Tusen takk	Thank you very much (*lit.*: thousand thanks)
Jeg har lyst på ...	I would like ...
Takk for maten	Thanks for the food

Oppgaver / Exercises

1. Fyll ut samtalen.
Complete the dialog.

Line: _____ noe å drikke?

Peter: Nei _____, jeg er ikke

_____.

Line: _____ på noe å spise?

Peter: Ja, _____, jeg vil _____ ei

skive med ost.

Line: _____.

Peter: Takk. Kan jeg også _____ ei skive med

skinke? Jeg er veldig _____.

Linc: _____.

Peter: Takk, jeg er _____. Tusen takk

_____.

2. *Det* eller *den*?
***Det* or *den*?**

Eks.: Jeg har et brød. <u>Det</u> er stort.

1) Du spiser ei skive. _____ er med ost.

2) Maten var god. _____ er god.

3) Hvem liker juice? Han liker _____.

4) Du har en kopp. _____ er stor.

5) Hun spiser et brød. _____ er godt.

6) Frokost var god. _____ var god.

7) Jeg har lyst på en kopp kaffe. _____ er god.

8) Det er et brød.   _____ er godt.

3. Fyll ut det følgende med å svare på spørsmålene eller med å avslutte setningene.
Fill out the following by answering the questions or completing the sentences.

Eks.: Når du vil ha noe å drikke, er du tørst.

1) Line bor i en _____.

2) Når du er sulten, vil du _____ noe.

3) Hva er en typisk amerikansk frokost? _____.

4) Når du ikke vil spise mer, er du _____.

5) Hva sier du når du er mett og ikke vil spise mer?

_____.

6) Hva drikker man kaffe fra? _____.

7) Hva er *ikke med*? _____.

8) Hva kan man drikke kaffe med?

_____.

9) Når Line vil invitere Peter til frokost, _____

hun til Peter.

10) Ole spiser ei _____ med skinke og ost.

11) Line _____: –Vil du ha noe å spise?

12) Anna _____: –Ja, takk.

13) Hva er presens (present tense) av *å være*?

14) Hva er presens av *å gjøre*?

4. Fyll ut det følgende med riktige preposisjoner.
Fill out the following with the correct prepositions.

Peter vil invitere Line _____ frokost. _____ lørdag

ringer han _____ Line. Han spør Line _____ hun vil

komme og spise frokost sammen. Line sier ja.

Når hun kommer _____ Peter, spør han: –Hva har du lyst

_____? Line sier at hun har lyst _____ ei brødskive

med ost og syltetøy. Peter spør _____ hun vil ha noe å

drikke. Hun sier at hun har lyst _____ en kopp kaffe.

_____ søndag ringer Line _____ Peter og inviterer

Peter _____ kino.

Leksjon 4

Lesson 4

1:14

Samtale: I matbutikken

1:15

Neste dag må Line gå til matbutikken. Hun har ikke nok mat i *kjøleskapet[1]*. Hun trenger en pose kaffe, en kartong melk, et glass syltetøy, en flaske saft og brød. Og hun vil kjøpe et stykke brunost. Hun liker brunost! Den var så god til frokost. Line tar penger og går til matbutikken. Hun tar melk, syltetøy, saft og brød, men hun kan ikke finne kaffe og brunost. Hun vil også kjøpe frukt og grønnsaker.

Line: Unnskyld, hvor kan jeg finne kaffe?

Ekspeditør: Kaffe er der borte til høyre. Er det noe annet du trenger hjelp med?

Line: Jeg vil også kjøpe et stykke brunost.

Ekspeditør: Den er i kjøleskapet der borte til venstre.

Line: Og grønnsaksdisken, den er til venstre for kjøleskapet, *ikke sant[2]*?

Ekspeditør: Ja, *det stemmer[3]*. Der kan du også finne fruktdisken.

Line: Tusen takk for hjelpen.

Ekspeditør: *Bare hyggelig.[4]*

Conversation: In the Grocery Store

The next day Line has to go to the grocery store. She doesn't have enough food in the refrigerator. She needs a bag of coffee, a carton of milk, a jar of jelly, a bottle of concentrated juice drink, and bread. And she wants to buy a piece of goat's cheese. She likes goat's cheese! It was so good for breakfast. Line takes money and goes to the grocery store. She gets milk, jelly, juice drink, and bread, but she cannot find coffee and goat's cheese. She also wants to buy fruit and vegetables.

Line: Excuse me, where can I find coffee?

Clerk: The coffee is over there to the right. Is there anything else you need hclp with?

Line: I also want to buy a piecc of goat's cheese.

Clerk: It's in the refrigcrator over there to the left.

Line: And the vegetable counter, it is to the left of the refrigerator, right?

Clerk: Yes, that's right. There you can also find the fruit counter.

Line: Thank you very much for the help.

Clerk: You are welcome.

Line tar en pose kaffe, to *epler*,[5] tre pærer, to appelsiner, en agurk og fire tomater. Brunosten er dyr. Den koster 99 kroner og 90 *øre*[6] per kilo, men hun tar et stykke allikevel. Hun går til kassen for å betale.

Line: Kan jeg få *VG*[7]?

Ekspeditør: Den er dessverre utsolgt. Vil du ta *Dagbladet*[8] istedet?

Line: Hva koster det?

Ekspeditør: Det koster 20 kroner.

Line: Jeg skal ta det. Hvor mye *blir*[9] det?

Ekspeditør: Det blir 189 kroner.

Line: Her er 200 kroner.

Ekspeditør: *11*[10] kroner tilbake, vær så god.

Line: Takk.

Line takes a bag of coffee, two apples, three pears, two oranges, one cucumber, and four tomatoes. The goat's cheese is expensive. It costs 99 kroner and 90 øre per kilogram, but she takes a piece anyway. She goes to the cash register to pay.

Line: Can I get VG?

Clerk: Unfortunately, it is sold out. Do you want to take/get Dagbladet instead?

Line: What does it cost?

Clerk: It costs 20 kroner.

Line: I will take it. How much will it be?

Clerk: I'll be 189 kroner.

Line: Here is 200 kroner.

Clerk: 11 kroner back, here you are.

Line: Thanks.

Fotnoter / Footnotes

¹ kjøleskapet   The indefinite form is *et kjøleskap – a refrigerator.* Definite nouns in Norwegian use a suffix. When added to the end of the noun the indefinite article *et* turns into a suffix that signifies the noun's singular definite form: *kjøleskapet* means *the refrigerator.* Similarly, masculine nouns use the suffix *– en*: *en kopp – a cup,* but *koppen – the cup.* Feminine nouns use *–a* as the definite singular suffix: *ei jente – a girl,* but *jenta – the girl.*

² ikke sant   This expression simply means *isn't it right.*

³ det stemmer   This literally means *it corresponds* (implied: *to what you've just said*). In other words (and in proper English): *that's right, that's true.*

⁴ bare hyggelig   This expression means *my pleasure; you are welcome.* Literally, *only pleasure.*

⁵ epler   The indefinite form of this word is *et eple – an apple.* Words ending in *-er* are plural. See the *Grammatikk* section for an in-depth explanation of plurals.

⁶ øre   This is the smallest Norwegian monetary unit, equivalent to an American cent. There are 100 øre in 1 krone. The smallest øre coin is now 50 øre after 10- and 25-øre coins were removed from the turnover (not from price quotes, though) a number of years ago. However, øre is such a small monetary

unit in Norway, that prices quoted in the store con-
taining øre is a promotional trick rather than a real
price value. Prices are generally rounded up or down
to the nearest whole krone. If you, e.g., buy 3 items
for 10.90, 10.90 and 10.50, the total will be 32.30.
You will pay 32 kroner. If, however, your total is
above the half of a krone, e.g. 32.60, you will pay
33 kroner.

[7] *VG*   *Verdens Gang* (World's Movement), commonly
known as *VG*, is Norway's largest newspaper. It is
published daily in tabloid format. It doesn't provide
subscription service, and can only be bought at news-
stands, kiosks and stores.

[8] *Dagbladet*   This is Norway's third largest newspaper (the name
means "Daily Paper"). The reader is young, urban
and educated, between 20 and 40 years old. The
newspaper is published in tabloid format.

[9] *blir*   The verb *å bli* primarily means *to become.* However,
in this context it simply means *to be,* and its conju-
gated form could be translated as *will be.* Therefore,
the question *Hvor mye blir det?* means *How much
will it be?* or, in other words, *What is the total?*

By the way, remember what *å bli med* means
from Lesson 2? *To come along.*

10 Numerals

1 *én, éi, ett**	11 *elleve [elve]*	21 *tjueen*
2 *to*	12 *tolv [tål]*	22 *tjueto*
3 *tre*	13 *tretten [tretn]*	23 *tjuetre*
4 *fire*	14 *fjorten [fjo:rtn]*	24 *tjuefire*
5 *fem*	15 *femten [femtn]*	25 *tjuefem*
6 *seks*	16 *seksten [saistn]*	30 *tretti*
7 *sju [sçu:]*	17 *sytten [søtn]*	40 *førti*
8 *åtte*	18 *atten [atn]*	50 *femti*
9 *ni*	19 *nitten [nitn]*	60 *seksti*
10 *ti*	20 *tjue [çu:e]*	70 *sytti [søtti]*
		80 *åtti*
		90 *nitti*

100 *hundre*
135 *hundreogtrettifem*
278 *tohundreogsyttiåtte*

*look under Merk!/Note! on page 84 for an explanation.

Grammatikk / Grammar

Flertall av substantiv / Plural of Nouns

* The indefinite plural ending in Norwegian is *-er* for all genders.

ei jente – a girl	*jenter – girls*
en kopp – a cup	*kopper – cups*
et stykke – a piece	*stykker – pieces*

One exception that you need to know about is one-syllable neuter nouns. They do not take the *-er* ending. E.g.: *et glass – a glass*, but *glass – glasses*.

* The definite plural ending in Norwegian is *-ene* for all genders.

jenta – the girl	*jentene – the girls*
koppen – the cup	*koppene – the cups*
stykket – the piece	*stykkene – the pieces*
glasset – the glass	*glassene – the glasses*

The ending is added to the stem of a noun – *ei jente: jent+ene = jentene*. A common mistake is to take a definite noun form, which already has an added ending, and add another ending to it – *jenta: jenta+ene = jentaene*.

Merk! / Note!

- Note the pronunciation of the singular definite forms of the nouns.

ei jente–jenta [jenta]-jenter [jenter]-jentene [jentene]

en kopp–koppen [kåpen]-kopper [kåper]-koppene [kåpene]

et glass–glasset [glase]-glass [glas]-glassene [glasene]

Neuter definite nouns in singular have silent *t* at the end.

- Nouns that end in *m*, such as *et rom – a room*, get double *m* in definite forms: *et rom–rommet; rom–rommene.*

- Three Norwegian words for the numeral 1 correspond directly to indefinite articles *en, ei* and *et*. How would you know then if it is *a table* or *one table*? Diacritics on *én, éi* and double *t* on *ett* signify a numerical quality and differentiate them from indefinite articles.

en kopp – a cup   *ei jente – a girl*   *et glass – a glass*

én kopp – one cup   *éi jente – one girl*   *ett glass – one glass*

1: 16

Ordlisten / Vocabulary

en butikk	[bu<u>tik</u>]	a store
nok	[nåk]	enough
et kjøleskap	[çø:leskap]	a refrigerator
å trenge	[treŋe]	to need
å kjøpe	[çø:pe]	to buy
en pose	[po:se]	a bag
en kartong	[kar<u>tåŋ</u>]	a carton
et glass		a glass, a jar
en/ei flaske		a bottle
et stykke		a piece
å ta	[ta:]	to take (get)
penger (*pl*)	[peŋer]	money
å finne		to find
en frukt		fruit
en grønnsak		a vegetable
unnskyld	[unşyl]	excuse me
der borte	[dæ:r borte]	over there
høyre	[høyre]	right
noe	[no:e]	something
annet	[a:nt]	else
en hjelp	[jelp]	help
venstrc		left
en disk		a counter
ikke sant		isn't it right
et eple		an apple
en/ei pære		a pear
en appelsin	[apel<u>si:n</u>]	an orange
en agurk	[a<u>gurk</u>]	a cucumber
en tomat	[to<u>ma:t</u>]	a tomato
dyr	[dy:r]	expensive

en krone		a krone
en/et kilo	[çi:lo]	a kilogram
allikevel	[a<u>li</u>:kevel]	anyway
en kasse		a cash register
å betale	[be<u>ta</u>:le]	to pay
dessverre	[des<u>væ</u>re]	unfortunately
utsolgt	[u:tsålkt]	sold out
istedet	[i:<u>ste</u>:de]	instead
å koste	[kåste]	to cost
en øre		1/100 of a krone
mye		much
å bli		to become
tilbake	[til<u>ba</u>:ke]	back

1: 17

Uttrykk / Expressions

unnskyld	excuse me
det stemmer	that's right
Hvor mye ...	How much ...
takk for hjelpen	thanks for the help
bare hyggelig	my pleasure, you are welcome

Oppgaver / Exercises

1. Hvilken innpakking kommer følgende produkter i?
In what packaging do the following products come?

Eks: Appelsiner kommer i *en pose*.

Ost

Sukker

Saft

Syltetøy

Juice

Kaffe

Melk

Epler

2. Skriv substantiv i bestemt form.
Write the nouns in the definite form.

Eks: Det er ost. Osten er god.

1) Det er syltetøy. _____ er bra.

2) Det er jenter. _____ er tørste.

3) Det er brød. _____ er dyrt.

4) Det er en flaske. _____ er norsk.

5) Det er ei jente. _____ er amerikansk.

6) Det er et kjøleskap. _____ er bra.

7) Det er epler. _____ er dyre.

8) Det er glass. _____ er gode.

9) Det er en krone. _____ er norsk.

10) Det er studenter. _____ er forsynte.

11) Det er far. _____ er sulten.

12) Det er appelsiner. _____ er bra.

3. **Fyll ut det følgende med bestemt og ubestemt form av substantiv. Merk at ubestemt form vanligvis brukes når du nevner noe for første gang.**
   Fill in the following with the indefinite and definite forms of nouns. Note that the indefinite form is generally used when you mention something for the first time.

   Det er (et kjøleskap) _____. Men det er ikke mat i

   (et kjøleskap) _____. Line må gå til (en

   matbutikk) _____. (En matbutikk)

   _____ er i nærheten av [near by] Lines leilighet.

   Line tar (melk) _____ og (brød) _____.

   Hun kjøper (et eple) _____ og to (en appelsin)

   _____ også. (Et eple) _____ er fra

   Norge, men (en appelsin) _____ er fra California i

   USA. Line tar fire (en tomat) _____. Hun skal lage

   salat med (en tomat) _____. Hun tar også to (glass)

   _____ syltetøy. Hun liker syltetøy. Hun kjøper (et

   stykke) _____ brunost. (Brunost) _____

   er dyr, men hun liker den til frokost.

4. Skriv tallene på norsk.
Write the numbers in Norwegian.

Example: 38 _trettiåtte_

12 _____	79 _____
18 _____	156 _____
27 _____	364 _____
48 _____	987 _____

5. Hvilke tall er det?
What numbers are these?

førtifem	_45_	femhundreogåttien	_____
syttisju	_____	åttehundreogtre	_____
nittiseks	_____	tohundreogelleve	_____
seksten	_____	hundreogto	_____
seksti	_____	hundreogtrettini	_____
tjuesju	_____	åtti	_____

Leksjon 5

Lesson 5

1: 18

Samtale: Lines dag

1: 19

Det er *lørdag¹* morgen. Line sover. Plutselig ringer telefonen. Line
våkner og ser på klokka. Klokka er *kvart på elleve²*. Hun står opp og
tar telefonen.

Line: Hallo.

Peter: God morgen, kan jeg få snakke med Line?

Line: Det er Line.

Peter: Det er Peter, Line. Sover du?

Line: Nei, nå snakker jeg *jo³*med deg. Men klokka er kvart på
             elleve. Det er på tide at jeg står opp.

Peter: Sover du vanligvis til klokka elleve?

Line: Dessverre ikke hver dag. Skolen begynner klokka ti over ni
             på mandag, onsdag og fredag og klokka ti over åtte på
             tirsdag og torsdag. Men jeg liker å sove lenge på lørdager
             og søndager. Jeg står opp mellom klokka ti og elleve og
             leser avisen mens jeg spiser frokost. Etterpå lager jeg en
             stor kopp kaffe og drikker den mens jeg ser på TV. *Om
             ettermiddagen⁴* liker jeg å gå på tur. Og om kvelden går vi
             jo vanligvis ut.

Conversation: Line's Day

It is Saturday morning. Line is sleeping. Suddenly the phone rings. Line wakes up and looks at the clock. It is a quarter to eleven. She gets up and picks up the phone.

Line: Hello.

Peter: Good morning, can I speak to Line?

Line: This is Line.

Peter: This is Peter, Line. Are you sleeping?

Line: No, now I am talking to you. But is a quarter to eleven. It is time for me to get up.

Peter: Do you usually sleep until eleven o'clock?

Line: Unfortunately not every day. The school starts at ten past nine on Monday, Wednesday, and Friday, and at ten past cight on Tuesday and Thursday. But I like to sleep late on Saturdays and Sundays. I get up between ten and eleven and read the newspaper while I eat breakfast. Afterwards I make a big cup of coffee and drink it while I watch TV. In the afternoon I like to go for a walk. And in the evening we usually go out.

Peter: Jeg liker ikke å sove lenge på lørdager og søndager. Jeg vil bare gjøre noe gøy. Men jeg liker å ta en lur hver dag etter skolen. Skolen begynner klokka ti over åtte hver dag, og den slutter mellom klokka halv tre og halv fire. Når jeg kommer hjem, er jeg så trøtt at jeg bare vil gå til sengs. Jeg sover vanligvis mellom klokka fem og seks. Når jeg står opp, spiser jeg middag, ser litt på TV, og begynner å gjøre lekser.

Line: Liker du å gjøre lekser så sent? Jeg kan ikke studere så sent. Jeg vil bare slappe av om kvelden. Og jeg går vanligvis til sengs klokka ti.

Peter: Hvis jeg tar en lur etter skolen, er jeg ikke trøtt om kvelden. Jeg går ikke til sengs før klokka er halv tolv eller tolv om natten. Nei, men Line, hvorfor snakker vi om det? Jeg ringer for å si at vi skal gå på fest i kveld. Det er jo lørdag i dag.

Line: Ja, ja, og lørdag kveld går vi jo vanligvis ut ... Når *møtes*[5] vi?

Peter: Klokka sju *hos*[6] Anna.

Line: OK. Vi sees klokka sju. Ha det!

Peter: Ha det!

Peter: I don't like to sleep late on Saturdays and Sundays. I just want to do something fun. But I like to take a nap every day after school. The school starts at ten past eight every day, and it ends between half past two and half past three. When I come home, I am so tired that I just want to go to bed. I usually sleep between four and five. When I get up, I eat dinner, watch a little TV, and start doing homework.

Line: Do you like doing homework so late? I cannot study so late. I just want to relax in the evening. And I usually go to bed at ten o'clock.

Peter: If I take a nap after school, I am not tired in the evening. I don't go to bed until it is half past eleven or twelve at night. No, but Line, why are we talking about this? I am calling to say that we will go to the party this evening. It is Saturday today.

Line: Yes, yes, and Saturday evening we usually go out ... When will we meet?

Peter: At seven o'clock at Anna's.

Line: OK. See you at seven. Bye!

Peter: Bye!

Fotnoter / Footnotes

¹ lørdag   The days of the week take the preposition *på* to express time. Note that weekdays are not capitalized in Norwegian. Also note that the last letter *g* is often silent.

på mandag [manda(g)]	*on Monday*
på tirsdag [ti:ṣda(g)]	*on Tuesday*
på onsdag [o:nsda(g)]	*on Wednesday*
på torsdag [tå:ṣda(g)]	*on Thursday*
på fredag [fre:da(g)]	*on Friday*
på lørdag [lø:rda(g)]	*on Saturday*
på søndag [sønda(g)]	*on Sunday*

² kvart på elleve   See the *Grammatikk* section.

³ jo   This word does not have an equivalent in English. It is an emphatic insert that means *as you know*.

⁴ om ettermiddagen The parts of the day take different prepositions depending on whether it is a concrete (*-i-*) or general (*-om-*) time reference. Note that nouns are in the definite form in general time expressions. Also note that *this morning* is the only exception, since its concrete time expression is *i morges*, NOT *i morgen*, which means *tomorrow*.

Concrete

i morges	*this morning*
i ettermiddag	*this afternoon*

i kveld	*this evening*
i natt	*tonight*

General

om morgenen	*in the mornings*
om ettermiddagen	*in the afternoons*
om kvelden	*in the evenings*
om natten	*at night*

[5] *møtes*

Remember another reciprocal verb of the same kind? It's *Vi sees,* which means *We will see each other. Å møtes* means *to meet each other.* It keeps its *s*-ending in all conjugated forms instead of adding *r.*

 [6] *hos*

This place preposition means *at* (somebody's place), as in *hos Anna – at Anna's.*

Grammatikk / Grammar

Hva er klokka? / What time is it?

Norsk	Engelsk	Kommentar
Klokka er tre.	It is three o'clock.	
Klokka er halv fire.	It is half past three.	In Norwegian it's half towards the hour, rather than past the hour.
Klokka er kvart på fire.	It is a quarter to four.	på means to here.
Klokka er kvart over fire.	It is a quarter past four.	over means past here.
Klokka er ti på fire.	It is ten to four.	
Klokka er ti over fire.	It is ten past four.	
Klokka er ti på halv fire.	It is twenty past three.	Norwegians divide the clock into 4 quarters. Therefore, it is not very common to say: it is twenty past/to the hour. They'd rather say: it is ten to half past three.
Klokka er ti over halv fire.	It is twenty to four.	Or in other words: it is ten past half past three.

Merk! / Note!

- *en/ei klokke* means *a watch* and *a clock*.

- *Klokka er 3* literally means *the clock is 3*, or in other words *It is 3 o'clock*. Don't confuse it with *klokka 3*, which means *at 3 o'clock*, as in *Vi går klokka 3 – we are leaving at 3*.

- You can abbreviate *klokka* to *kl.*

- Europeans use a 24-hour system (military), especially for formal time specifications, e.g. bus or train schedules, invitations, TV guides, events etc. That eliminates the need for an AM or PM reference: 9.00 = 9 AM; 19.00 = 7 PM etc. In everyday situations, however, it is most common to use the 12-hour system. Because of that sometimes you might need to ask which part of the day—morning or evening—you are talking about, but in most cases it will be clear from the context.

- Note, that military time is read differently than regular time. The minute segment in military time follows the hour, and *kvart* and *halv* have to be replaced by *femten* (minutes) and thirty (minutes).

Military time	Regular time
ni femten	*kvart over ni*
(nine fifteen, AM)	*(quarter past nine)*
19.30 *nitten tretti*	*halv åtte*
(seven thirty, PM)	*(half past seven)*

1: 20
Ordlisten / Vocabulary

lørdag	[lø:rda:(g)]	Saturday
en morgen	[må:rn]	a morning
å sove	[så:ve]	to sleep
plutselig	[plutseli]	suddenly
en telefon	[telefo:n]	a phone
å våkne		to wake up
å se på		to look at, to watch
en/ei klokke	[klåke]	a watch, a clock
på		here: to
en kvart		a quarter
å stå opp		to get up
vanligvis	[vanlivi:s]	usually
til		until
hver	[væ:r]	every
en dag	[da:g]	a day
over	[å:ver]	here: past
mandag	[manda:(g)]	Monday
onsdag	[o:nsda:(g)]	Wednesday
fredag	[fre:da:(g)]	Friday
tirsdag	[ti:şda:(g)]	Tuesday
torsdag	[tå:şda:(g)]	Thursday
lenge		for a long time
søndag	[sønda:(g)]	Sunday
mellom		between
å lese		to read
mens		while
etterpå		afterwards
stor		big
TV	[te:ve:]	TV
en ettermiddag		an afternoon

gøy		fun
en lur	[lu:r]	a nap
etter		after
å slutte	[ṣlute]	to finish
halv	[hal]	half
hjem	[jem]	home
en/ei seng		a bed
en middag	[mida:(g)]	dinner
en lekse		homework
sen	[se:n]	late
å slappe av	[ṣlape a:v]	to relax
en/ei natt		a night
en fest		a party
i dag		today
å møtes		to meet each other
hos	[ho:s]	at (somebody's place)

1: 21

Uttrykk / Expressions

god morgen	good morning
det er på tide at jeg ...	it is time for me to ...
å ta en lur	to take a nap
å gå på tur	to go for a walk, to go hiking
å gå til sengs	to go to bed
å se på TV	to watch TV

Oppgaver / Exercises

1. Hva er klokka? Bruk det vanlige klokkesystemet.
What time is it? Use regular time.

F.eks. 5:45 PM – klokka er kvart på seks.

1) 9:00 AM
2) 6:30 PM
3) 12:15 PM
4) 2:45 PM
5) 7:05 AM
6) 10:55 AM
7) 3:25 PM
8) 3:35 PM
9) 4:20 AM
10) 2:40 AM

2. Hva er klokka?
What time is it?

F.eks. Klokka er halv fem – 4.30

1) Klokka er kvart over tre
2) Klokka er kvart på åtte
3) Klokka er fem på sju
4) Klokka er ti over ti
5) Klokka er fem på halv to
6) Klokka er ti over halv tolv

3. **Skriv vanlig tid om til formell klokkeslett.**
   Convert regular time into military time.

Vanlig	Formell
F.eks. *5:45 PM*	*17:45*
klokka er kvart på seks	*klokka er sytten førti fem*
8:30 AM klokka er halv ni	*8:30 klokka er åtte tretti*

1) 10:20 AM

2) 8:30 PM

3) 12:15 PM

4) 4:45 PM

5) 9:05 AM

6) 7:55 AM

7) 5:25 PM

8) 6:20 AM

9) 2:40 PM

4. **Fyll ut det følgende med *i, om* eller *på*.**
   Fill in the blanks with *i, om* or *på*.

Vanligvis står Ole opp kl. 8 _____ morgenen. Men _____ morges står han opp kl. 10. Det er søndag _____ dag. _____ lørdager og søndager liker han å sove lenge. Han spiser vanligvis ikke frokost, bare drikker et glass juice. Men han spiser lunsj kl. 1.30 _____ ettermiddagen. Men _____ ettermiddag skal han gå _____ tur, så han spiser lunsj kl. 12. istedet. Han skal også gå _____ fest _____ kveld. Vanligvis _____ kvelden liker han å lese og å se _____ TV.

5. Hva gjør Anna hver dag? Oversett til norsk.
What does Anna do every day? Translate into Norwegian.

Anna wakes up at 7 o'clock every day. She gets up at 7:45. She

eats breakfast between 8:00 and 8:20. She leaves at 8:30. Anna is

at school between 9:10 and 3:30 on Tuesday and Thursday and

between 9:10 and 4:15 on Monday, Wednesday and Friday. She

comes home and makes dinner. She eats dinner at 5:30. She likes

to take a nap, but she cannot do it every day. Anna also likes to

relax, watch TV or read. She goes to bed at 10:30. She sleeps

between 10:30 in the evening and 7:00 in the morning.

Leksjon 6

Lesson 6

Samtale: I kjøpesenteret

1: 22

1: 23

På mandag ringer Line til Anna og spør om hun vil bli med og handle. Hun sier at det er salg på vinterklær i noen butikker. Anna sier at hun vil bli med. De møtes i kjøpesenteret mandag ettermiddag.

Line: Hei, Anna. Hvordan går det?

Anna: Det går bra. Og med deg?

Line: Bare bra, takk. Hva vil du kjøpe i dag?

Anna: Jeg trenger et nytt par *dongeribukser[1]* og kanskje en ny topp. Jeg vil også kjøpe et langt skjørt hvis jeg finner noe jeg liker. Hva med deg?

Line: Jeg trenger en kåpe og et par votter. Jeg har ikke noen klær til vinteren. Jeg vil også kjøpe en varm rød genser og et par svarte vinter*sko[2]*.

Anna og Line går inn i en butikk. Anna finner fine blåe dongeribukser. Hun går til prøverommet og prøver buksene. De er *for store[3]*.

Ekspeditør: Kan jeg hjelpe deg? Trenger du en mindre størrelse?

Anna: Ja, takk. Kanskje størrelse 36.

Conversation: In the Shopping Mall

On Monday Line calls Anna and asks if she wants to come along and do some shopping. She says that there is a sale on winter clothes in a few stores. Anna says that she wants to come along. They meet in the shopping mall Monday afternoon.

Line: Hi, Anna. How is it going?

Anna: It's going well. And with you?

Line: Good, thanks. What do you want to buy today?

Anna: I need a new pair of jeans and maybe a new top. I also want to buy a long skirt if I find something I like. What about you?

Line: I need a coat and a pair of mittens. I don't have any clothes for the winter. I also want to buy a warm red sweater and a pair of black winter shoes.

Anna and Line go into a store. Anna finds nice blue jeans. She goes to the fitting room and tries on the pants. They are too big.

Sales clerk: Can I help you? Do you need a smaller size?

Anna: Yes, thanks. Maybe size 36.

Størrelse 36 passer bra. Anna er glad. Og hun liker fargen. Men hun *vet*[4] ikke om hun har nok penger. Fine dongeribukser er vanligvis ikke billige.

Anna: Hvor mye koster dongeribuksene?

Ekspeditør: De koster 560 kroner.

Anna: Jeg vil også ta en hvit topp der borte. Den passer veldig godt til buksene. Hvor mye blir det?

Ekspeditør: Det blir 690 kroner.

Anna: Line, finner du noe?

Line: Ja, jeg liker denne brune kåpen, men jeg vil bare kikke litt mer før jeg kjøper den. Skal vi gå til andre butikker?

Anna: Det kan vi gjøre. Jeg er ferdig. Buksene var dyre. Jeg *har ikke råd til*[5] et nytt skjørt nå. Nå skal vi finne klær til deg, Line.

Size 36 fits well. Anna is happy. And she likes the color. But she doesn't know if she has enough money. Nice jeans are usually not cheap.

Anna: How much do the jeans cost?

Sales clerk: They cost 560 kroner.

Anna: I also want to take a white top over there. It matches the pants very well. How much will it be?

Sales clerk: It'll be 690 kroner.

Anna: Line, are you finding anything?

Line: Yes, I like this brown coat, but I just want to look around a bit more before I buy it. Shall we go to other stores?

Anna: We can do that. I am done. The pants were expensive. I cannot afford a new skirt now. Now we'll find clothes for you, Line.

Fotnoter / Footnotes

[1] dongeribukser

Used here in the plural form, as is the case in English *pants*. However, in Norwegian it could also be used in singular: *ei/en dongeribukse – dongeribuksa/en.*

[2] sko

Sko is an irregular noun, because it is a masculine noun that does not take *er-*ending in plural indefinite.
en sko – skoen – sko – skoene
a shoe – the shoe – shoes – the shoes

[3] for store

The adverb *for* in front of an adjective or another adverb means *too*. In this case – *too big.*

[4] vet

This is an irregular verb. Its infinitive is *å vite – to know*, while its conjugated form has a stem change – *vet*. For a complete list of irregular verbs of this kind refer to Leksjon 3, Note! section.

[5] har ikke råd til

The expression *å ha ikke råd til noe* literally means *not to have means (to buy something)*. It is translated as *not to be able to afford something.*

Grammatikk / Grammar

Adjektiv / Adjectives

* Singular: adjectives in Norwegian change in form based on the gender and number of the noun or pronoun they describe or refer to. Their masculine and feminine forms correspond, but in neuter form they add -*t*.

ei avis –	*en kopp –*	*et glass –*
ei stor avis	*en stor kopp*	*et stort glass*
ei bukse –	*en kåpe –*	*et skjørt –*
ei lang bukse	*en lang kåpe*	*et langt skjørt*

* Plural: adjectives describing plural nouns of any gender add -*e*

aviser –	*kopper –*	*glass –*
store aviser	*store kopper*	*store glass*
bukser –	*kåper –*	*skjørt –*
lange bukser	*lange kåper*	*lange skjørt*

* Two exceptions:
  - Adjectives that end in -*ig*, -*t*, or -*sk* do not take a -*t* ending in neuter nouns. They do, however, take an -*e* ending in plural.

ei dårlig avis	*en dårlig kopp*	*et dårlig glass*	*dårlige glass*
ei svart jente	*en svart student*	*et svart skjørt*	*svarte skjørt*
ei norsk avis	*en norsk kopp*	*et norsk glass*	*norske glass*

  - One-syllable adjectives that end in a vowel get a double *t* in neuter form.

ei ny avis	*en ny kopp*	*et nytt glass*	*nye glass*

Merk! / Note!

- The same rules apply if nouns are replaced with pronouns:

  Koppen er stor.   *Den er stor.*

  Glasset er stort.   *Det er stort.*

  Koppene er store.   *De er store.*

1: 24

Ordlisten / Vocabulary

å handle		to shop, to go/do shopping
et salg		a sale
en vinter		a winter
klær (*pl.*)		clothes
et kjøpesenter	[çø:pesenter]	a shopping mall
ny		new
et par		a pair
en/ei dongeribukse	[dåŋeribokse]	jeans
en topp	[tåp]	a top
lang		long
et skjørt	[ʂørt]	a skirt
hvis	[vis]	if
en kåpe		a coat
en vott	[våt]	a mitten
noen	[no:en]	some, a few, something, any, anything
varm		warm
rød	[rø:]	red
en genser		a sweater
svart		black
en sko	[sko:]	a shoe
fin	[fi:n]	nice
blå	[blå:]	blue
et prøverom		a fitting room
å prøve		to try, to try on
en/ei bukse	[bokse]	pants
en/ei ekspeditrise	[ekspeditri:se]	a shop assistant (female)
å hjelpe	[jelpe]	to help
mindre		less, smaller
en størrelse	[størelse]	a size

kanskje	[kanşe]	maybe
å passe		to fit, to match
glad	[gla:]	happy
en farge		a color
å vite (vet)	[vi:te]	to know
billig	[bili]	cheap
veldig	[veldi]	very
hvit	[vi:t]	white
brun	[bru:n]	brown
å kikke	[çike]	to look around, to browse
før		before
andre		other
ferdig	[færdi]	done, ready
dyr	[dy:r]	expensive

1: 25

Uttrykk / Expression

å ha råd til noe   [rå:]   to be able to afford something

Oppgaver / Exercises

1. Skriv riktig form av adjektiv.
Write the correct form of the adjectives.

F.eks.:	(rød)	Koppen er <u>rød</u>.
1)	(svart)	De er _____.
2)	(billig)	Eplet er _____.
3)	(hvit)	Den er _____.
4)	(stor)	Kjøpesenteret er _____.
5)	(norsk)	Appelsinene er ikke _____.
6)	(blå)	Skjørtet er _____.
7)	(dyr)	Kåpen er _____.
8)	(fin)	Buksene er _____.
9)	(trist)	Barnet er _____.
10)	(stor)	Det er _____.

2. Fyll ut det følgende med riktig form av adjektiv og substantiv.
Fill in the following with the correct form of the adjectives and nouns.

Line vil gå til (et kjøpesenter) _____. Det er (stor)

_____. Hun vil kjøpe en (brun) _____ kåpe

og et (blå) _____ skjørt. (En kåpe) _____

er (billig) _____, men (et skjørt) _____

er (dyr) _____. Det er norsk, og (norsk) _____

klær er vanligvis (dyr) _____. Line er (trist)

_____. Hun kan ikke kjøpe et (dyr) _____

skjørt. Line finner (fin) _____ votter. De er
(amerikansk) _____. De er ikke veldig (dyr)
_____. Line skal kjøpe (en vott) _____.
Og hun skal kjøpe (en kåpe) _____.

3. **Fyll ut det følgende med riktige ord fra teksten.**
   Fill out the following with the correct words from the text.
   1) Hvis du vil kjøpe klær, går du til _____.
   2) Hvis størrelse 38 er for stor, må du prøve en

      _____ størrelse.
   3) Du kan prøve klær i _____.
   4) Hvis en genser ikke koster mye, er den _____.
   5) Du betaler mye penger for en kåpe. Kåpen er

      _____.
   6) Rød, hvit og brun er _____.
   7) Hva gjør du i kjøpesenteret? Du _____.
   8) Når du er i en butikk og ser på klær, men du kjøper ikke noe,

      heter det _____.

4. **Les teksten en gang til og konsentrer deg om preposisjoner i**
   teksten. Etterpå fyll ut det følgende med preposisjoner
   (om, på, i, til, med).
   Read the text once again and focus on the prepositions in the
   text. Afterwards fill in the following with prepositions
   (om, på, i, til, med).
   _____ lørdag ringer Line _____ Anna og spør ___ hun vil bli
   _____ og handle. Hun sier at det er salg _____ vinterklær _____

noen butikker. Anna sier at hun vil bli ____. De møtes ____ kjøpesenteret søndag ettermiddag. Line trenger en kåpe og et par votter. Hun har ikke noen klær ____ vinteren. Men hun vet ikke om hun har nok penger. Fine klær er vanligvis ikke billige. Hun finner en brun kåpe og et par brune votter. De passer veldig godt ____ kåpen. Men hun har ikke råd ____ nye klær nå.

Leksjon 7

Lesson 7

1:26

Samtale: Å leie en leilighet

1:27

Når Line kommer hjem fra kjøpesenteret, finner hun en ny e-post. Den er fra familien hennes. De skriver at de vil besøke Line og andre slektinger i Norge. Lines mor og far vil komme og bo i Oslo i en måned. *De vil at Line skal finne[1]* en 1-roms leilighet i Oslo. Line er veldig glad. Hun ser i *Aftenposten[2]* og finner mange *Til leie*-annonser. Her er en som hun liker:

Er du lei av å betale mye penger for et lite hotellrom?
Da er denne annonsen for deg!
Møblert 1-roms leilighet på Majorstua til kortvarig leie. 48m[2].[3] Stue, kjøkken, balkong og bad[4]. Fellesvaskeri. 8000 kr/måned. Elektrisitet, vann, fyring og kabel-TV inkludert. Visning etter avtale med Niels Nielsen. Tel: 56 67 78 89

Line tar telefonen og ringer.

Niels: Hallo. Det er Niels Nielsen.

Line: Hei. Det gjelder en annonse om en 1-roms leilighet til kortvarig leie. Foreldrene mine kommer fra USA neste måned, og de vil ikke bo på et hotell. Det er for dyrt.

Niels: Hvor lenge skal de være i Oslo? De kan få rabatt hvis de leier leiligeten for en 3 måneders periode.

Conversation: Renting an Apartment

When Line comes home from the mall, she finds a new e-mail. It is from her family. They write that they want to visit Line and other relatives in Norway. Line's mother and father want to come and live in Oslo for one month. They want Line to find a 1-room apartment in Oslo. Line is very happy. She looks in Aftenposten and finds many ads *For Rent*. Here is one that she likes:

Are you tired of paying a lot of money for a small hotel room? Then this ad is for you! Furnished 1-room apartment in Majorstua for short-term rent. 48 m². Living room, kitchen, balcony and bathroom. Shared laundry. 8000 kr/month. Electricity, water, heat and cable-TV included. Showing by appointment with Niels Nielsen. Tel: 56 67 78 89

Line picks up the phone and calls.

Niels: Hello. This is Niels Nielsen.

Line: Hi. It's about the ad for a 1-room apartment for short-term rent. My parents are coming from the USA next month, and they don't want to live in a hotel. It's too expensive.

Niels: How long will they be in Oslo? They can get a discount if they rent the apartment for a three months' period.

Line: Nei, de skal bare være her i én måned. Er leiligheten fullt[5] møblert?

Niels: Ja, den har alle nødvendige møbler og et fullt utstyrt kjøkken.

Line: Er den i en blokk eller i et hus?

Niels: Den er i en blokk i 6. etasje. Det er selvfølgelig en heis i blokken.

Line: Hva med parkering?

Niels: Det er ikke inkludert. En parkeringsplass koster 600 kroner per måned.

Line: Når kan jeg komme og se på leiligheten?

Niels: Kan du komme i morgen mellom klokka 9.00 og 16.00?

Line: Ja, jeg kan komme kl. 15:15 i morgen. Hva er adressen?

Niels: Blinderveien 2, leiligheten nr. 614. Hva var navnet ditt?

Line: Line Larsen. Tusen takk og vi sees i morgen.

Niels: Vi sees.

Line: No, they will only be here for one month. Is the apartment fully furnished?

Niels: Yes, it has all the necessary furniture and a fully equipped kitchen.

Line: Is it in an apartment building or in a house?

Niels: It is in an apartment building on the 6th floor. There is, of course, an elevator in the apartment building.

Line: What about parking?

Niels: It is not included. A parking space costs kr.600 per month.

Line: When can I come and look at the apartment?

Niels: Can you come tomorrow between 9 AM and 4 PM?

Line: Yes, I can come at 3:15 PM tomorrow. What is the address?

Niels: Blinderveien 2, # 614. What was your name?

Line: Line Larsen. Many thanks and I'll see you tomorrow.

Niels: See you.

Fotnoter / Footnotes

¹ De vil at Line skal finne   Translated as *They want Line to find,* this sentence literally means *They want that Line will find.* Sentences of this construction always should be translated using *vil* and *skal:*

*I want you to read. Jeg **vil** at du **skal** lese.*

*You want me to eat. Du **vil** at jeg **skal** spise.*

² Aftenposten   This is Norway's second largest and the most conservative newspaper. The newspaper's evening edition, called *Aftenposten Aften*, is distributed separately in the Oslo area.

³ 48 m²   Providing the size of an apartment for rent in ads is common in Norway, as it is in most European countries. In order to convert sq. meters to sq. feet, you have to multiply 48 by 10.8.

⁴ bad   In this context *et bad* (short for *et baderom*) implies a bathtub or a shower and a toilet together in one room. It could also mean just a room where you can take a bath or a shower—literally *a bathroom.* However, if you are looking for a restroom/lavatory make sure to ask for *et toalett* or *WC.*

[5] *fullt*

This is an example of an adverb. Some adverbs derive from and describe adjectives, as in *fully furnished* or *clearly too small*. In other words, they answer the question *How?*. In English many adverbs end in *-ly*, while in Norwegian they are made by adding *-t* to most adjectives. For this reason Norwegian adverbs look exactly the same as neuter adjectives. Refer to the Grammatikk section in Lesson 6 for the complete set of rules for neuter adjectives.

fin – nice	*fint – nice, nicely*
full – full	*fullt – full, fully*
trist – sad	*trist – sad, sadly*
dårlig – bad	*dårlig – bad, badly*

Grammatikk / Grammar

Eiendomspronomen / Possessive Pronouns

* There are two ways of using possessive pronouns in Norwegian: placing them in front of a noun or after a noun. While the former version is mostly used to emphasize the ownership—for example *det er **mitt** eple, ikke ditt – it's **my** apple, not yours*—the latter version is considerably more prevalent in Norwegian in all other contexts.

	my	you	his	her	our	your (*pl.*)	their	[noun]
en/ei	*min*	*din*	*hans*	*hennes*	*vår*	*deres*	*deres*	*adresse*
et	*mitt*	*ditt*	*hans*	*hennes*	*vårt*	*deres*	*deres*	*glass*
pl.	*mine*	*dine*	*hans*	*hennes*	*våre*	*deres*	*deres*	*appelsiner*

	the [noun] of	mine	yours	his	hers	ours	yours (*pl.*)	theirs
en/ei	*adressen*	*min*	*din*	*hans*	*hennes*	*vår*	*deres*	*deres*
et	*glasset*	*mitt*	*ditt*	*hans*	*hennes*	*vårt*	*deres*	*deres*
pl.	*appelsinene*	*mine*	*dine*	*hans*	*hennes*	*våre*	*deres*	*deres*

* As you see above, there are three different Norwegian pronouns for each corresponding English pronoun. The pronouns in the first line are used with masculine and feminine singular nouns. The pronouns in the second line go with neuter nouns. The third line contains pronouns that are used with all nouns in plural irrespective of the gender of a noun.

* To simplify it all, just remember that only first and second person singular (*my, your*) and first person plural (*our*) changes depending on the gender and number of a noun. Other pronouns remain the same.

Merk! / Note!

- In the first version *Min adresse, mitt glass, mine appelsiner, etc* the noun is indefinite, while in *adressen min, glasset mitt, appelsinene mine* you have to use the noun in its definite form.

1: 28

Ordlisten / Vocabulary

å leie	[læie]	to rent
å skrive		to write
å besøke	[bi<u>sø</u>:ke]	to visit
en slekting	[şlektniŋ]	a relative
en måned		a month
et rom		a room
en annonse	[an<u>å</u>ŋse]	an ad
å være lei av		to be tired of
lite		small
et hotell	[ho<u>tel</u>]	a hotel
da		then
møblert	[mø<u>ble</u>:rt]	furnished
kortvarig	[k<u>å</u>rtva:ri]	short-term
en leie	[læie]	rent
en/ei stue		a living room
et kjøkken	[çøken]	a kitchen
en balkong	[bal<u>kåŋ</u>]	a balcony
et toalett	[toa<u>let</u>]	a toilet; restroom, lavatory
et bad	[ba:d]	a bathroom
et fellesvaskeri	[<u>fe</u>lesvaske<u>ri</u>:]	a shared laundry room; laundromat
en elektrisitet	[elektrisit<u>e</u>:t]	electricity
en fyring		heat
inkludert	[inklu<u>de</u>:rt]	included
en visning		a showing
en avtale		an appointment
å gjelde	[jele]	here: to be about, to concern; to be valid
en rabatt	[ra<u>bat</u>]	a discount
en periode	[pærj<u>o</u>:de]	a period

full		full
alle		all
nødvendig	[nødvendi]	necessary
møbler (*pl.*)		furniture
utstyrt		equipped
en blokk	[blåk]	an apartment building
et hus	[hu:s]	a house
en etasje	[eta:ṣe]	a floor (level), story
en heis	[hæis]	an elevator
parkering	[parke:riŋ]	parking
en plass		a place
en/ei adresse	[adrese]	an address
et navn		a name

Oppgaver / Exercises

1. Svar på følgende spørsmål eller fyll ut setningene med riktige ord.
Answer the following questions or fill in the sentences with the right words.

1) Hvis du bor i en blokk med mange etasjer, trenger du

   _____ for å komme til 9. etasje.

2) Hvis du ikke har nok penger til å kjøpe en leilighet, må du

   _____ den.

3) Lines foreldre vil komme og _____ Line i Norge.

4) Hva heter en tekst i en avis hvor det står *Til leie*? _____

5) Når det er møbler i en leilighet, er leiligheten _____.

6) Hva heter et rom i et hus hvor du lager mat?

7) Hvis leien koster kr. 6000 per måned, men du betaler bare

   kr. 5000, får du _____.

8) Et stort hus med mange etasjer heter _____.

9) Karen, Line, Jon og Erik er _____.

2. Oversett følgende setninger til norsk.
Translate the following sentences into Norwegian.

1) I want you to meet Line.

2) She wants him to eat dinner at 6.

3) You want her to go to bed now.

4) We want him to buy a new pair of pants.

5) They want us to rent an apartment.

6) He wants me to call Anna.

3. **Lag adverb av følgende adjektiv.**
   Make adverbs out of the following adjectives.

   fin _____

   trist _____

   full _____

   dårlig _____

   sen _____

   varm _____

   ny _____

   billig _____

4. **Skriv eiendomspronomen slik som eksemplet viser.**
   Write possessive pronouns as the example shows.

   F. eks.:   *jeg – butikk*   *min butikk = butikken min*

   jeg – eple

   du – epler

   han – leilighet

   hun – kjøkken

   vi – rom

   vi – kopp

   vi – bukser

   dere – adresse

   de – navn

   de – brødskiver

5. Fyll ut det følgende med riktige former av
eindomspronomen.
Fill out the following with the correct forms of possessive
pronouns.

Line: Jeg vil leie en ny leilighet. Jeg vil at leiligheten _____

skal være stor. Peter, er _____ leilighet stor?

Peter: Nei, den er liten. Men Annas leilighet er stor. Det er fire

rom i leiligheten _____.

Line: Men det er også fire personer i leiligheten _____.

Anna: Vi har fem personer i leiligheten _____. Jeg har et rom.

Rommet _____ er lite. Peter har et rom også. Rommet

_____ er minst. Jon og Karen har et stort rom.

_____ rom er veldig fint. Karoline bor i stua _____.

Line: Var leiligheten _____ fullt møblert?

Anna: Ja. Vi har alle møbler vi trenger.

Leksjon 8

Lesson 8

2:1

Samtale: Hvordan er leiligheten møblert?

2:2

Neste dag tar Line buss til *Majorstua¹*. Det tar bare 15 minutter. Det er ikke langt fra hennes *hybel²*. Hun er glad. Hun tar heis til 6.etasje og ringer på døren. Niels Nielsen åpner døren:

Line: God dag. Jeg heter Line Larsen. Jeg har en visning kl. 3:15.

Niels: Velkommen. Hyggelig å møte deg.

Line: I like måte.

Niels: Her er leiligheten. Som du ser, er stua stor og fin.

Line: Og den har store vinduer. Det liker jeg. Kjøkkenet er lite, men koselig.

Niels: Og det er fullt utstyrt med skap, en moderne komfyr, en oppvaskmaskin, en mikrobølgeovn og et kjøleskap, selvfølgelig. Tallerkener, kopper, glass og bestikk er i skapet til venstre. Og her er et bord og fire stoler.

Line: Hva med møblene i stua? Jeg ser en sofa og et klesskap, men det er ikke noe skrivebord eller noen seng i rommet.

Niels: Du kan trekke sofaen ut, og da blir den til en stor seng. Jeg skal kjøpe et skrivebord og et par bokhyller. Bordet skal stå ved siden av skapet, og bokhyllene skal henge på veggen over bordet.

Conversation: How Is the Apartment Furnished?

The next day Line takes a bus to Majorstua. It takes only 15 minutes. It is not far away from her apartment. She is happy. She takes an elevator to the 6th floor and rings the door. Niels Nielsen opens the door:

Line: Good day. My name is Line Larsen. I have a showing at 3:15.

Niels: Welcome. Nice to meet you.

Line: Likewise.

Niels: Here is the apartment. As you see, the living room is big and nice.

Line: And it has big windows. I like that. The kitchen is small, but cozy.

Niels: And it is fully equipped with cupboards, a modern stove, a dishwasher, a microwave, and a refrigerator, of course. Plates, cups, glasses, and silverware is in the cupboard to the left. And here is a table and four chairs.

Line: What about the furniture in the living room? I can see a sofa and a wardrobe, but there is no desk or bed in the room.

Niels: You can pull out the sofa, and then it turns into a big bed. I will buy a desk and a couple of bookshelves. The desk will stand next to the cabinet, and the bookshelves will hang on the wall above the desk.

Line: Er det en TV i stua?

Niels: Ja, den *står³* i skapet. Du kan åpne skapdøra, og da står TV-en foran sofaen.

Line: *Hvor langt⁴*er det til sentrum?

Niels: Det er circa 2 *kilometer⁵*.

Line: Hvordan kan man komme dit?

Niels: Du kan ta buss, trikk eller T-bane. Med T-bane går du av på Nasjonalteatret- eller Stortinget-stasjon, og da er du på *Karl Johan.⁶* Det tar 5 minutter å komme til nærmeste T-banestasjon.

Line: Ja, T-bane er kanskje best. *Hvor lang tid⁷* tar det å komme til sentrum?

Niels: T-banen går ofte og den tar bare 8-10 minutter. Bilen er verst. Det er dyrt å leie bil, bensin er også dyrt, og det er veldig vanskelig å finne en parkeringsplass i sentrum.

Line: Det er sant. Jeg skal ta denne leiligheten, men jeg tror ikke vi trenger en parkeringsplass.

Line: Is there a TV set in the living room?

Niels: Yes, it is in the cabinet. You can open the cabinet door, and then the TV set is (stands) in front of the sofa.

Line: How far is it to downtown?

Niels: It is approximately 2 kilometers.

Line: How can one get there?

Niels: You can take a bus, a trolley, or the subway. By subway, you get off at the Nasjonalteatret or Stortinget station, and then you are on Karl Johan. It takes 5 minutes to get to the nearest subway station.

Line: Yes, the subway is probably the best. How long does it take to get downtown?

Niels: The subway goes often, and it takes only 8-10 minutes. By car is the worst. It is expensive to rent a car, gas is also expensive, and it is very difficult to find a parking space downtown.

Line: That's true. I'll take this apartment, but I don't think we need a parking space.

Fotnoter / Footnotes

¹ Majorstua   This is one of the most popular and expensive neigh-
borhoods in downtown Oslo.

² hybel   *En hybel* is commonly associated with student
housing, such as a dorm, a rented room, shared
housing, or a small apartment.

³ står   There are two verbs in Norwegian that are often used
to define the placement/location of things: *å stå – to
stand* and *å ligge – to lie.* Both could be translated into
English as *is* or *are* in such situations. The first one is
used to define the location of things that assume an
upright position (relatively speaking), for example: a
table, a sofa, a car, a cup, a tree, etc. The second one,
on the other hand, is primarily used to indicate the
location of things with a flat surface (flatware, paper,
a carpet etc.). It is also used with buildings (see Lek-
sjon 9, Fotnoter for more information). In certain
cases, the same noun can take a different verb
depending on the item's positioning. For example, if
a book is on the bookshelf, it most likely *står* (*stands*)
there; but if somebody put it on the table, it probably
ligger (*lies*) there.

⁴ hvor langt   As you know by now, *lang* means *long. Langt*
singnifies distance and therefore means *far.* The
answer to the question *Hvor langt er det dit? – How
far is it there?* always has to include distance (*Det er
to kilometer*), NOT time (*Det tar 15 minutter*).

5 kilometer *En kilometer* is approximately 0.62 of an American mile. However, a Norwegian *mil* is 10 kilometers, or 6.2 American miles. Note that *kilometer* and *mil* are both singular and plural forms of these nouns.

6 Karl Johan This is the central street in Oslo that leads to the Royal Palace. It is named after the first Swedish-Norwegian king after the dissolution of the 400 years union with Denmark.

7 hvor lang tid This question asks specifically about time, literally: *how long time.* The answer to the question *Hvor lang tid tar det for deg å komme hjem?* – *How long does it take for you to come home?* has to include time (*Det tar 15 minutter*), NOT distance (*Det er 2 kilometer*).

Grammatikk / Grammar

Ordstilling / Word Order

* As discussed in Leksjon 1, Norwegian has a strict word order.

Subject	Verb1	Adverb	Verb2	Object	Place Adverb	Time
Jeg	er	ikke			fra Oslo.	
Jeg	heter			Anna.		
Han	bor	også			i Oslo	nå.
Han	vil	gjerne	spise	middag	hjemme	i dag.
Hun	kan	ikke	sove		her	i kveld.

* You will now learn that Norwegian word order has a degree of flexibility within the framework of strict rules. Instead of starting a sentence with a subject, you can start it with either a place or time adverb or an occasional object—it all depends on what you want to emphasize. When you start a sentence with any of the above-mentioned parts of the sentence, the subject and the first verb switch places. This switch is called inversion.

Place/Time Adv; Object	Verb1	Subject	Adverb	Verb2	Object	Place Adverb	Time Adverb
Fra Bergen	er	jeg	ikke.				
Anna	heter	jeg.					
Nå	bor	han	også			i Oslo.	
I dag	vil	han	gjerne	spise	middag	hjemme.	
Her	kan	hun	ikke	sove			i kveld.

Merk! / Note!

- Remember that you can invert the sentence only if you start it with a time or place adverb or an object. In other words, you cannot just start a sentence with a verb—then it will become a question.

- Inversion means the switch between the first verb and the subject—make sure all other parts of the sentence remain in their predetermined positions. That is: *Her kan ikke hun sove i kveld* is incorrect. *Ikke* should follow the inverted subject instead of standing in between the verb and the subject: *Her kan hun ikke sove i kveld.*

2: 3

Ordlisten / Vocabulary

en buss		a bus
langt		far
en hybel		a dorm, a rented room
en/ei dør		a door
å åpne		to open
velkommen	[velkåmen]	welcome
som	[såm]	as, who, which
et vindu		a window
koselig	[ko:şeli]	cozy
et skap	[ska:p]	a cabinet, a cupboard
moderne	[mo:dærne]	modern
en komfyr	[komfy:r]	a stove
en oppvaskmaskin	[åpvaskmaşi:n	a dishwasher
en mikrobølgeovn	[mi:krobølgeåvn]	a microwave
en tallerken	[talærken]	a plate
et bestikk	[bestik]	flatware, silverware
et bord	[bo:r]	a table
en stol		a chair
en sofa		a sofa
et klesskap	[kle:ska:p]	a closet; a wardrobe
et skrivebord	[skri:vebo:r]	a desk
å trekke ut		to pull out
å bli til		to turn into, become
en/ei bokhylle		a bookshelf
å stå		to stand
ved siden av	[ve:si:dna:]	next to
å henge		to hang
en vegg		a wall
foran		in front of
et sentrum		downtown

en kilometer	[çi:lome:ter]	a kilometer
man		one
en trikk		a trolley
en T-bane	[te:ba:ne]	subway
å gå av		to get off
en stasjon	[staşo:n]	a station
nærmeste		nearest
best		best
en bil		a car
verst	[væşt]	worst
en bensin	[bensi:n]	gas
vanskelig	[vanskeli]	difficult
sant		true

2: 4

Uttrykk / Expression

det er sant   that's true

Oppgaver / Exercises

1. Svar på spørsmålene og løs kryssordet.
Answer the questions and solve the crossword.

1) 0.62 amerikansk mil er en _____.
2) I Oslo kan du ta buss, T-bane eller _____. Den går på elekrisitet.
3) Du henger eller putter dine klær i et _____.
4) Du kan lage mat på en _____.
5) Når du spiser eller skriver, sitter du ved (at) et _____.
6) Studenter bor vanligvis på en _____.
7) Hvis du vil komme inn i huset, må du åpne en _____.
8) Du putter din bok i en _____.
9) Jeg vil _____ dette fotoet på veggen.
10) Det er fire _____ i et rom.
11) Man kan sove på en _____
12) Det er store _____ i Niels Nielsens leilighet.
13) Ikke lett (easy).
14)

2. Oversett til norsk.
Translate into Norwegian.

1) How far is it from your house to downtown?
   It's two kilometers to downtown.

2) How long does it take for you to get to the university?
   It takes approximately 10 minutes if I take a bus or a trolley.

3) How do you get (come) home?
   I can take a bus, a trolley, or the subway. But I like to walk.

4) How far is it to the store? How long does it take to get there (*dit*) by subway?
   It's 1 mile. It takes 20 minutes to get there (*dit*) by subway.

3. Avslutt setningene.
Complete the sentences.

F.eks.:   *Jeg kommer hjem med buss.*
           Hjem kommer jeg med buss.
           Med buss kommer jeg hjem.

1) Jeg skal ta T-bane til skolen i dag.
   T-bane
   I dag

2) De har en visning i Majorstua i morgen.

I morgen

I Majorstua

3) Det er en sofa og et klesskap i rommet.

I rommet

4) Det er ikke vanskelig å finne en parkeringsplass her.

Her

5) Hun vil ikke leie en leilighet i Majorstua.

I Majorstua

6) De skal besøke Line neste måned.

Neste måned

7) Jeg vil gjerne spise middag på kjøkkenet i kveld.

I kveld

Middag

På kjøkkenet

4. Begynn setningene med framhevete ord og sett ordene i riktig ordstilling.
Start the sentences with the highlighted words and put the rest of the words in the correct order.

du på ringe døra må .

i **jeg** også deg bo en med leilighet kan .

Line tar Majorstua til **neste dag** buss .

da fem tar det hjem minutter å komme .

leilighet **på lørdag** vil en jeg ny leie .

ikke norsk snakke vil **nå** jeg .

gjerne besøke **i morgen** deg kl.6 vil jeg .

Leksjon 9

Lesson 9

2: 5

Samtale: Å finne veien

2: 6

På torsdag ringer Line til Peter og forteller ham at foreldrene hennes skal besøke henne i november. Hun sier også at hun har leid en leilighet til dem på Majorstua. Hun spør om Peter vil komme og se på den. Peter *synes*[1] det er en god idé.

Peter: Men hvordan skal jeg komme dit?

Line: Du kan ta buss eller T-bane. Har du et *studentkort*[2]?

Peter: Nei, jeg bruker et *flexikort*[2] når jeg tar buss. Jeg bruker ikke kollektivtrafikk veldig ofte. Du vet jo at jeg sykler eller går til universitetet.

Line: Men du kan også gå. Det er ikke langt fra huset ditt.

Peter: Jeg skal gå, da.

Line: *Ta*[3] til venstre når du kommer ut av huset ditt. Gå Hammersgate fram til du kommer til Ibsens vei. Ta til høyre. Kryss gata og gå rett fram. Du skal gå forbi en bank og et bibliotek. Ved siden av biblioteket er det en *H&M*-butikk. Gå forbi butikken og ta Nordgata til venstre. På den andre siden av gata skal du se en bussholdeplass. Gå over gata til bussholdeplassen og fortsett rett fram til du kommer til Blinderveien. Adressen er Blinderveien 2. Huset *ligger*[4] ved siden av parken. Jeg skal vente på deg ved inngangen.

Peter: Det vil ta circa 20 minutter, ikke sant?

Conversation: Finding the Way

On Thursday Line calls Peter and tells him that her parents will visit her in November. She also says that she has rented an apartment for them in Majorstua. She asks if Peter wants to come and take a look at it. Peter thinks that's a good idea.

Peter: But how will I get there?

Line: You can take a bus or the subway. Do you have a student pass?

Peter: No, I use a stamp card when I take a bus. I don't use public transportation very often. You know that I bike or walk to the university.

Line: But you can also walk. It is not far from your house.

Peter: I will walk, then.

Line: Turn to the left when you come out of your house. Go straight ahead on Hammersgate until you come to Ibsens road. Turn right. Cross the street and go straight ahead. You will pass a bank and a library. There is an H&M store next to the library. Pass the store and take Nordgata to the left. You will see a bus stop on the other side of the street. Cross the street towards the bus stop and continue straight ahead until you come to Blinderveien. The address is Blinderveien 2. The house is next to the park. I will be waiting for you at the entrance.

Peter: It will take approximately 20 minutes, right?

Line: Ja, circa 20 minutter.

Peter: Når skal vi møtes?

Line: Om tre timer, kl.6. *Passer*[5] det?

Peter: Ja, det passer.

Line: Peter, du kan ringe til Ole og Anna. De kan også komme hvis de vil.

Peter: Jeg tror de skal gå på kino i kveld.

Line: Hm . . . Jeg synes de liker hverandre.

Line: Yes, approximately 20 minutes.

Peter: When shall we meet?

Line: In three hours, at 6. Is that okay?

Peter: Yes, that's fine.

Line: Peter, you can call Ole and Anna. They can also come if they want.

Peter: I think they will go to the movie theater tonight.

Line: Hm . . . I think they like each other.

Fotnoter / Footnotes

¹ synes

Similarly to *å tro*, *å synes* means *to think*, however they are used in different contexts in Norwegian. *Å synes* implies a personal opinion, typically around intangible information. *Å tro*, on the other hand, is used to express uncertainty with more factual information.

Jeg synes det er en god idé. – I think it's a great idea. (It's a matter of opinion, one cannot prove or disprove it).

Jeg tror han kommer fra Norge. – I think/ believe he comes from Norway. (Whether someone is or is not from Norway is a fact, not a matter of opinion).

² studentkort, flexikort

A *studentkort* is a monthly student pass at significantly reduced fares that provides unlimited rides on all public transportation in Oslo. A *flexikort* is a commuter's ticket or a stamp card at 25% reduced fares. It can be stamped 8 times, and each stamp allows you to use any public transportation in Oslo within one hour.

³ ta

This is an example of an imperative. Verbs that end in vowels other than *-e*, such as *å ta*, *å gå*, are made into imperative by dropping the infinitive marker *å: ta–take; gå–go.* Verbs that end in *-e*, such as *å snakke, å skrive,* are made into imperative by dropping the infinitive marker -*å* and the ending -*e: snakk–talk; skriv–write.*

[4] *ligger*

Å ligge primarily means *to lie,* but it is also used as *to be located,* especially when talking about buildings. Even though you will be understood if you say *Huset er ved siden av banken – The house is next to the bank,* it is much more common to say *Huset ligger ved siden av banken – The house lies/ is located next to the bank.*

[5] *passer*

Å passe means *to fit* or *to be suitable* both in its concrete meaning (*clothes fit*) and abstract meanings (*it's all right*). Therefore, the question *Passer det?* could be translated as *Is it alright/fine/okay with you?*

Grammatikk / Grammar

Objektpronomen / Object Pronouns

Subjektpronomen	Objektpronomen	Subject Pronoun	Object Pronoun
jeg	meg	I	me
du	deg	you	you
han	han/ham	he	him
hun	henne	she	her
det/den	det/den	it	it
vi	oss	we	us
dere	dere	you	you
de	dem	they	them

Merk! / Note!

- The object pronoun of the polite form *De* is *Dem*. But as mentioned before, it is rarely used in contemporary Norwegian.

2: 7

Ordlisten / Vocabulary

en vei	[væi]	a road, a way
å fortelle	[fårtele]	to tell
ham		him
henne		her
november	[no:vember]	November
dem		them
å synes		think, in one's opinion
et studentkort	[studentkårt]	a student pass
et flexikort	[fleksikårt]	a stamp card
en kollektivtrafikk		public transportation
ofte	[åfte]	often
å sykle		to bike
fram (rett fram)		ahead, forward (straight ahead)
å krysse		to cross
en/ei gate		a street
forbi	[forbi:]	by
en bank		a bank
et bibliotek	[biblio:te:k]	a library
en bussholdeplass	[bushåleplas]	a bus stop
en side		a side
å fortsette	[fortsete]	to continue
å ligge		to lie, to be located
en park		a park
å vente (på)		to wait (for)
en inngang		an entrance
hverandre	[værandre]	each other

2: 8

Uttrykk / Expressions

å ta til	to turn to
til høyre/venstre	to the right/left
å gå rett fram	to go straight ahead
å gå over, å krysse	to cross
å gå forbi	to pass by
ved siden av	next to
på den andre siden av	on the other side of
å fortsette rett fram	continue straight ahead

Oppgaver / Exercises

1. Fyll ut det følgende med imperativ.
Fill out the following with imperatives.

1) – Hvordan kan jeg finne biblioteket?

– (å se) _____ der borte til venstre. Ser du banken? (å

gå) _____ rett fram og (å ta) _____ til høyre rett

etter banken. (å krysse) _____ gata og (å gå)

_____ forbi butikken. Du skal se biblioteket til

venstre.

2) – (å vente) _____ på meg!

3) – Hva skal jeg gjøre i dag?

– (å gå) _____ til butikken, (å kjøpe) _____ to liter

melk, ost og brød og (å lage) _____ middag.

4) – Når skal jeg komme til deg?

– (å komme) _____ kl.6.

2. Oversett til norsk.
Translate into Norwegian.

Peter: How can I find the apartment?

Line: Go straight ahead on Ibsen's road. Turn to the right.

Cross the street. You will see a bus stop to the left.

Continue straight ahead until you pass by the library.

There is also a store next to the library. You will see

the house on the other side of the street.

3. **Skriv substantiv og navn om til objektpronomen.**
Turn nouns and names into object pronouns.

F.eks.: *Line liker (Peter) ham.*

1) Peter liker (Line) _____.

2) Line venter på (foreldrene) _____.

3) Hun skriver til (Ole) _____.

4) Ta (koppen) _____.

5) Du skal gå forbi (biblioteket) _____ til venstre.

6) De ringer til (studentene) _____.

7) De besøker (meg og mannen min) _____.

8) Jeg skal spise middag med (deg og henne) _____.

4. **Bruk objektpronomen etter eksemplet.**
Use object pronouns according to the example.

F.eks.:   *Han møter henne.*   *Hun møter ham.*

1) De kommer til dere.

2) Han ringer til meg.

3) Vi finner dem.

4) Du forteller det til henne.

5) Dere inviterer oss.

6) Jeg hjelper ham.

7) Hun leier en leilighet til dem.

8) Vi spør dere.

9) De skriver til meg.

10) Du spiser med oss.

Leksjon 10

Lesson 10

2:9
Samtale: Lines familie på besøk
2:10

Det er den 10. november i dag. Lines foreldre har nettopp landet på Oslo lufthavn Gardemoen. De har allerede fått bagasjen og har gått gjennom passkontrollen. Line ser dem og gir dem en stor klem.

Line: Hvordan var reisen? Er dere trøtte?

Jon: Reisen var veldig fin. Vi slappet av, spiste godt, og sov på flyet. Vi er ikke så trøtte.

Marit: Vi skulle kanskje veksle litt penger her på flypassen før vi reiser til byen. Skal vi, forresten, ta drosje eller flybuss?

Line: Flybuss koster mindre enn drosje, og den skal kjøre dere helt til leiligheten deres. En ninibank er der borte til venstre.

——————

Marit: Hei, kan jeg *få veksle¹* 200 dollar til norske kroner? Hva er kursen, forresten?

BF: 7,5 kroner for 1 dollar.

Marit: Det er fint.

BF: Vil du ha en tusenlapp og fem hundrelapper eller femten hundrelapper?

Marit: Det er det samme for meg.

Conversation: Line's Family on a Visit

It is November 10 today. Line's parents have just landed in the Oslo airport Gardemoen. They have already gotten their luggage and have gone through customs and immigration. Line sees them and gives them a big hug.

Line: How was the trip? Are you tired?

Jon: The trip was very nice. We relaxed, ate well, and slept on the plane. We are not that tired.

Marit: We probably should exchange some money here at the airport before we go to the city. By the way, shall we take a cab or an airport shuttle?

Line: The airport shuttle costs less than a cab, and it will take you right to your apartment. An ATM is over there to the left.

Marit: Hi, can I exchange 200 dollars to Norwegian kroner? What is the exchange rate, by the way?

Clerk: 7.5 kroner for 1 dollar.

Marit: That's fine.

Clerk: Would you like a thousand-kroner bill and five hundred-kroner bills or fifteen hundred-kroner bills?

Marit: It doesn't matter to me.

BF: Det blir 1500 kroner. Her er en tusenlapp og fem
            hundrelapper.

Marit: Tusen takk.

Marit: Hvor mye koster flybussen?

Line: En enkeltbillett til Oslo sentrum koster 100 kroner, men
           dere burde kjøpe en tur-retur billett. Den gjelder en måned
           og koster bare 150 kroner.

Jon: Skal vi leie en bil?

Marit: Vi kan gjøre det senere. Men vi skulle kjøpe et *Oslo Pass*[2]
           eller et busskort nå.

Jon: Vi trenger ikke Oslo Pass. Vi har vært i Oslo mange ganger
           og har sett alle museer og severdigheter. Vi må besøke våre
           slektninger og venner.

Marit: Line, skulle vi kjøpe et T-bane- eller busskort?

Line: Mamma, du har glemt alt. Dere kan kjøpe et flexikort
           som dere kan bruke 8 ganger på all kollektivtrafikk. Det
           koster 140 kroner. Eller dere kan kjøpe et *dagskort*[3] eller et
           7-dagerskort.

Jon: Hvor mye koster et 7-dagerskort?

Clerk: It will be 1500 kroner. Here are a 1000-kroner bill and five 100-kroner bills.

Marit: Thank you very much.

—————

Marit: How much is the airport shuttle?

Line: A single ticket to downtown Oslo costs 100 kroner, but you should buy a round-trip ticket. It is valid one month and costs only 150 kroner.

Jon: Shall we rent a car?

Marit: We can do it later. But we should buy an Oslo Pass or a bus pass now.

Jon: We don't need the Oslo Pass. We have been to Oslo many times and have seen all the museums and places of interest. We have to visit our relatives and friends.

Marit: Line, should we buy a subway or a bus pass?

Line: Mom, you have forgotten everything. You can buy a stamp card that you can use 8 times on all public transportation. It costs 140 kroner. Or you can buy a daily pass or a 7-day pass.

Jon: How much is a 7-day pass?

Line: 160 kroner. Datoen må stemples på kortet, og da kan du bruke den på all kollektivtrafikk i Oslo i 7 *døgn⁴*.

Marit: Vi burde kanskje kjøpe et *månedskort⁵*. Hva synes du, Jon?

Jon: Men vi skal jo ikke være i Oslo hele måneden. Vi reiser til Bergen om en uke, ikke sant?

Marit: Ja, det stemmer. Da tar vi to 7-dagerskort.

Line: 160 kroner. The date must be stamped on the pass, and then you can use it on all public transportation in Oslo for 7 days.

Marit: We should probably buy a monthly pass. What do you think, Jon?

Jon: But we will not be in Oslo the whole month. We are going to Bergen in a week, right?

Marit: Yes, that's right. Then we'll take two 7-day passes.

Fotnoter / Footnotes

¹ få veksle The difference between *Kan jeg veksle? – Can I exchange?* and *Kan jeg få veksle? – Can I get it exchanged?* rests on the acting agent. In the first case you would be asking for permission to do the exchange yourself, while in the latter case you are asking the clerk to exchange currency for you.

² Oslo Pass At the time of the first printing of this book, the Oslo Pass for adults costs 190-370 kroner for 24-72 hour access to museums and other places of interest as well as all public transportation in Oslo. The date has to be stamped on the pass upon its first use.

³ dagskort Otherwise called *en 24-timersbillett*, a daily pass costs 60 kroner for adults and can be used over the course of 24 hours. It also gives a family discount on the weekends and holidays, which means that up to four children under age 16 can travel for free.

⁴ døgn *Et døgn* means 24 hours, or, in other words, day and night. So, if you are making a hotel reservation, you will be asked how many *døgn* rather than nights you are planning to stay; your bus pass will also specify that you can use it for 7 *døgn* from the stamped date.

⁵ månedskort Otherwise called *en 30-dagersbillett*, this is a monthly pass that costs 590 kroner a month.

Grammatikk / Grammar

Perfektum og Preteritum / Present Perfect and Past

	Infinitive		Present	Past	Present Perfect
Group I -te;-t	å glemme	to forget	glemmer	glemte	har glemt
	å kjøpe	to buy	kjøper	kjøpte	har kjøpt
	å kjøre	to drive	kjører	kjørte	har kjørt
	å reise	to travel	reiser	reiste	har reist
	å spise	to eat	spiser	spiste	har spist
	å studere	to study	studerer	studerte	har studert
Group II -et;-et	å koste	to cost	koster	kostet	har kostet
	å lande	to land	lander	landet	har landet
	å slappe av	to relax	slapper av	slappet av	har slappet av
	å sykle	to bike	sykler	syklet	har syklet
	å veksle	to exchange	veksler	vekslet	har vekslet
Strong Verbs	å få	to get	får	fikk	har fått
	å gi	to give	gir	gav	har gitt
	å gå	to walk	går	gikk	har gått
	å se	to see	ser	så	har sett
	å skulle	shall	skal	skulle	har skullet
	å sove	to sleep	sover	sov	har sovet
	å være	to be	er	var	har vært

- There is no definite way of knowing which verbs belong to which group. Therefore, the best way of remembering the present perfect and past tense of verbs is to take a few verbs at a time and learn them. That especially applies to the group of strong verbs, since they usually have a stem change and look different from their infinitive forms. Verbs in the first two groups, however, follow a consistent rule: verbs in Group I end in *-te* (P.); *-t* (Pr.P.); verbs in Group II end in *-et* (P.); *-et* (Pr.P.).

- The Norwegian present perfect tense is made of the conjugated form of the auxilary verb *å ha* – *to have* and the past participle of a verb. It is also the case in English: *jeg har glemt – I have forgotten; jeg har spist – I have eaten, etc.*

Merk! / Note!

- Verbs that have a double consonant in infinitive lose one in Present Perfect and Past Tenses: *å glemme – har glemt – glemte.*

- Verbs that end in -*ere* always belong to Group I: *å studere – har studert – studerte.*

- Verbs that end in -*te* or -*de* are most likely to belong to Group II: *å koste – har kostet – kostet; å lande – har landet – landet.* In this case it's just a matter of convenience in pronunciation.

2: 11

Ordlisten / Vocabulary

et besøk	[besø:k]	a visit
nettopp	[netåp]	just
å lande	[lane]	to land
en lufthavn		an airport (*old usage, now, as in*: Oslo lufthavn Gardemoen)
allerede	[alere:de]	already
en bagasje	[baga:şe]	luggage
gjennom	[jenom]	through
en passkontroll	[paskontrål]	passport control, customs and immigration
å gi	[ji:]	to give
en klem		a hug
en reise	[ræise]	a trip
trøtt		tired
et fly		a plane
å veksle	[vekşle]	to exchange
en flyplass		an airport (commonly used)
å reise	[ræise]	to travel, to go
en by		a city
forresten	[foresten]	by the way
en drosje	[dråşe]	a cab, a taxi
en flybuss		an airport shuttle
å kjøre	[çø:re]	to drive
en minibank		an ATM
hel	[he:l]	whole, complete
en kurs	[kuş]	an exchange rate
en tusenlapp		a 1000-kroner bill
en hundrelapp		a 100-kroner bill
samme		same
en enkeltbillett		a single ticket

tur-retur	[tu:r retu:r]	round-trip
senere	[se:nere]	later
mange	[maŋe]	a lot of, many
en gang	[gaŋ]	a time, occurrence
et museum	[muse:um]	a museum
en severdighet	[se:værdihe:t]	a place of interest
en slektning	[şlektning]	a relative
en venn		a friend
å glemme		to forget
alt		everything
et dagskort	[dagskårt]	a daily pass
en dato	[da:to:]	a date
å stemple		to stamp
et kort	[kårt]	a card, a pass
et døgn	[døyn]	24 hours
et månedskort	[må:nedskårt]	a monthly pass
en/ei uke		a week

2: 12

Uttrykk / Expression

det er det samme for meg   it's the same to me; it doesn't
                                 matter to me

Oppgaver / Exercises

1. Svar på spørsmålene og fyll ut setningene.
Answer the questions and complete the sentences.

1) Når dine venner besøker deg betyr det at du får

_____ av dem.

2) Hva heter en plass hvor fly lander? _____

3) Når du reiser har du vanligvis mye _____ med

deg. Det betyr at du tar mange ting (things) med deg, for

eksempel: klær, sko, mat ...

4) Når du reiser fra USA til Norge, kan du ikke ta buss eller bil.

Du må ta _____.

5) Når du har dollar, men du vil ha norske kroner, må du

_____ penger.

6) Oslo, New York, London og Bergen er _____.

7) Hva heter en bil som kan kjøre deg hvor du trenger, men du

må betale for det? _____

8) 1000 kroner heter _____.

9) Hva heter reisen San Francisco – Oslo – San Francisco?

_____

10) Hva heter interessante plasser i Oslo? _____

11) Hva heter 27/10/03 eller 31/09/87? _____

12) Hva heter 24 timer på norsk? _____

13) Mandag, tirsdag, onsdag, torsdag, fredag, lørdag og søndag

er _____.

2. Fyll ut det følgende med perfektum.
Complete the following with the present perfect tense.

1) Jeg (å glemme) _____ å kjøpe mat. (å kjøpe)

_____ du _____ noe?

2) Jeg (å være) _____ i Norge to ganger.

3) Han (å se) _____ denne filmen.

4) Vi (å veksle) _____ allerede _____ penger, (å

spise) _____ middag og (å slappe av)

_____ på hotellet.

5) Line (å kjøre) _____ to mil, men Peter (å gå)

_____ tre.

6) Hun (å få) _____ nettopp _____ et kort

fra Ole.

7) Jeg (å gi) _____ bilen min til faren min.

3. Fyll ut det følgende med preteritum.
Complete the following with the past tense.

På fredag (å sove) _____ Line til kl.10. Hun (å være)

_____ veldig trøtt. På torsdag (å sykle) _____

hun til universitetet, men hun (å glemme) _____

bøkene hjemme. Hun (å sykle) _____ hjem igjen.

Hjemme (å spise) _____ hun frokost og (å slappe)

_____ av. Da (å gå) _____ hun til

butikken og (å kjøpe) _____ litt mat. Maten

(å koste) _____ 99 kroner. Line (å gi)

_____ 100 kroner til ekspeditrisen. Hun (å få)

_____ 1 krone tilbake. Kl. 5 (å kjøre)

_____ Line til biblioteket og (å være)

_____ der i 5 timer.

Leksjon 11

Lesson 11

2:13

Samtale: På restauranten

2:14

På fredag inviterte Line, Peter, Ole og Anna på restauranten. Hun ville at de skulle møte foreldrene hennes.

Line: Mamma, pappa, dette er Peter, Ole og Anna. Og her er mine foreldre Marit og Jon.

Marit: Hyggelig å møte dere.

Anna: I like måte.

Jon: Line har fortalt oss mye om dere.

Kelner: Her er menyen. Vil dere ha noe å drikke?

Line: Fem glass *pils*[1] og et glass hvit vin. Jeg har ikke glemt, mamma, at du bare drikker hvit vin.

Kelner: Er dere *klare til*[2] å bestille?

Jon: Ja, takk. Line vil ha en skål soppsuppe og hun skal dele en vegetarisk pizza med Marit. Peter, du sa at du ville ha pastasalat, ikke sant?

Peter: Ja, takk. Og jeg skal ta kyllinggryte. Samme med Ole.

Ole: Nei, jeg *har ombestemt meg.*[3] Jeg vil ha rekesalat istedet. Og kyllinggryte.

Conversation: At the Restaurant

On Friday Line invited Peter, Ole, and Anna to the restaurant. She wanted them to meet her parents.

Line: Mom, Dad, this is Peter, Ole, and Anna. And here are my parents, Marit and Jon.

Marit: Nice to meet you.

Anna: Likewise.

Jon: Line has told us a lot about you.

Waiter: Here is the menu. Would you like something to drink?

Line: Five glasses of beer and a glass of white wine. I haven't forgotten, Mom, that you only drink white wine.

Waiter: Are you ready to order?

Jon: Yes, thank you. Line would like a bowl of mushroom soup, and she will share a vegetarian pizza with Marit. Peter, you said that you wanted the pasta salad, right?

Peter: Yes, thank you. And I will take the chicken casserole. The same with Ole.

Ole: No, I have changed my mind. I would like the shrimp salad instead. And the chicken casserole.

Jon: Anna, og hva med deg?

Anna: Jeg tar laks med poteter og grønnsaker.

Jon: Jeg ser at dere allerede har begynt å servere *lutefisk.*[4]

Kelner: Ja, vi begynner vanligvis midt i november slik at alle våre kunder kan nyte lutefisken før vi blir stengt til private fester midt i desember.

Jon: Jeg vil absolutt smake på den. Jeg har ikke hatt det på fire år. Hva serverer dere den med?

Kelner: Den kommer med *lefse,*[5] ertegrøt og smør.

Jon: Det *høres bra ut.*[6]

—————

Ole: Liker dere dere her i Norge?

Marit: Det er helt fantastisk å komme tilbake. Vi koser oss hver gang vi kommer hit.

Jon: Vi bodde jo i Norge da vi var barn og vi giftet oss her i Oslo *for 25 år siden.*[7]

—————

Da alle var *ferdige med*[8] å spise, kom kelneren tilbake og spurte om maten smakte godt. Alle sa at den var utmerket.

Line: Kan jeg få regningen?

Kelner: Et øyeblikk.

Jon: Line, mamma og jeg *spanderer*[9] denne middagen på dere.

Jon: Anna, and what about you?

Anna: I'll take the salmon with potatoes and vegetables.

Jon: I can see that you have already started serving lutefisk.

Waiter: Yes, we usually start in mid November so that all our customers can enjoy lutefisk before we close for private parties in the middle of December.

Jon: I'd certainly like to taste it. I haven't had it for four years. What do you serve it with?

Waiter: It comes with potato pancakes, creamed peas, and butter.

Jon: That sounds good.

Ole: Do you like it here in Norway?

Marit: It is absolutely fantastic to come back. We enjoy ourselves every time we come here.

Jon: We lived in Norway when we were kids and we got married here in Oslo 25 years ago.

When everyone was done eating, the waiter came back and asked if the food tasted good. Everybody said that it was excellent.

Line: Can I get the bill?

Waiter: Just a moment.

Jon: Line, Mom and I are treating all of you to this dinner.

Fotnoter / Footnotes

¹ pils   This is a shorter form for *pilsner*, light beer
                           favored by Norwegians.

² klare til   *Være klar til å gjøre noe* means *to be ready
                           to do something.*

³ har ombestemt meg   This is an example of a reflexive verb; it
                           consists of a verb and a reflexive pronoun.
                           Some other examples would be *å like seg,
                           å gifte seg.* Norwegian reflexive pronouns
                           roughly correspond to English *myself,
                           yourself,* etc.

meg [mæi] –	*oss [ås] –*
myself	*ourselves*
deg [dæi] –	*dere[dere] –*
yourself	*yourselves*
seg [sæi] –	*seg[sæi] –*
himself, herself	*themselves*

⁴ lutefisk   Literally translated, *lutefisk* means lyefish,
                           which refers to the process of fish soaking
                           using a lye solution made of birch ashes.
                           Lutefisk is made of cod that is caught and
                           dried in the course of a few winter months.
                           Now lutefisk has become a Christmas del-
                           icacy and can rarely be found during the
                           other months of the year. Since lutefisk
                           preparation requires skill and practice, it

is most common to go out for a special
family lutefisk dinner rather than make it
at home. It is also a common practice for
corporations to throw big Christmas lute-
fisk parties for their employees.

Lutefisk has an unusual jelly-texture
and is frequently served with melted
butter, boiled potatoes, creamed peas,
and lefse.

[5] *lefse*

Lefse are thin, flat potato pancakes. Scan-
dinavians eat them with butter and brown
sugar or with melted cheese, or they
simply dip them in melted butter.

[6] *høres bra ut*

Å høres ut means *to sound*. Just remember
to put an adverb in between the two words:
*høres dårlig ut – sounds bad, høres trist
ut – sounds sad,* etc.

[7] *for 25 år siden*

This means *25 years ago*. Remember that
time reference goes in between *for* and
*siden: for 10 dager siden – ten days ago; for
to minutter siden – two minutes ago,* etc.

[8] *ferdige med*

Være ferdig med noe (with the preposition
med) means *to be done with something*.

[9] *spandere*

If you want *to treat your friend to dinner*,
in Norwegian you *spanderer middag på
vennen din* (lit.: *treat dinner on your
friend*)

Grammatikk / Grammar

Preteritum og perfektum / Past and Present Perfect

	Infinitive		Present	Past	Present Perfect
Group I -te;-t	å lære å smake	to learn to taste	lærer smaker	lærte smakte	har lært har smakt
Group II -et;-et	å gifte seg	to get married	gifter seg	giftet seg	har giftet seg
Group III -de; -d	å leie å prøve	to rent to try	leier prøver	leide har prøvd	har leid prøvde
Group IV -dde; -dd	å bo	to live	bor	bodde	har bodd
Strong Verbs	å bli å fortelle å ha å komme å si å spørre å ta å ville	to become to tell to have to come to say to ask to take to want	blir forteller har kommer sier spør tar vil	ble fortalte hadde kom sa spurte tok ville	har blitt har fortalt har hatt har kommet har sagt har spurt har tatt har villet

* As you can see, this chapter includes two additional groups of verbs. Both of them are very consistent groups, and therefore should be easier to remember. Verbs that belong to Group III end either in *-eie* or *-ve* (*å leie, å prøve*). Group IV verbs are most often one-syllable verbs that end in a vowel (*å bo*).

- What is the difference between present perfect and past tense? At a basic level it is almost exactly the same as in English, so if ever in doubt—doublecheck in English.

The past tense is used when there is:
  - a concrete past time reference (*yesterday, last year, an hour ago,* etc.): *Vi var på skolen i går – We were at school yesterday.*
  - no time reference, but it is contextually implied that the action happened in the past.

The present perfect, on the other hand, is used to express a past action with:
  - a general time reference (*once, twice, already, yet, ever, never, always* etc) or an implied general time reference (*Jeg har vært der – I have been there*).
  - with a time reference that extends to the present (*Jeg har bodd her i to år – I have lived here for two years*).

Merk! / Note!

* Note that reflexive pronouns outlined above go with corresponding pronouns in an expression:

    Jeg liker **meg**.　　　*Vi liker* **oss**.
    Du liker **deg**.　　　*Dere liker* **dere**.
    Han/hun liker **seg**.　　　*De liker* **seg**.

* Norwegian reflexive verbs do not necessarily translate into English as reflexive:

    Jeg liker meg her. – I enjoy myself here.

But:

Vi giftet oss i Oslo. – We got married in Oslo. (Implied: *we married each other*)

2: 15

Ordlisten / Vocabulary

en restaurant	[restæuraŋ]	a restaurant
en kelner		a waiter
en meny	[meny:]	a menu
en pils		pilsner
en vin		wine
klar til å gjøre noe		ready to do something
å bestille	[bestile]	to order
en skål		a bowl
en/ei soppsuppe	[såpsupe]	mushroom soup
å dele		to share
vegetarisk	[vegeta:risk]	vegetarian
en pizza		a pizza
en pastasalat	[pastasala:t]	pasta salad
en/ei kyllinggryte	[çylingry:te]	chicken casserole
samme		same
å ombestemme seg	[åmbesteme]	to change one's mind
en/ei reke	[re:ke]	a shrimp
istedet	[i:ste:de]	instead
en laks		salmon
en potet	[po:te:t]	a potato
å servere	[serve:re]	to serve
en lutefisk		lutefisk, *lit.* lyefish
midt	[mit]	middle
en kunde	[kunde]	a customer
å nyte		to enjoy
å stenge		to close
privat	[priva:t]	private
absolutt	[abso:lut]	absolute
å smake på noe		to taste something
en/ei lefse		a potato pancake

en ertegrøt	[ærtegrø:t]	creamed peas, pea porridge
et smør		butter
å høres ut		to sound
å like seg		to like it, to enjoy oneself
fantastisk	[fantastisk]	fantastic
å kose seg		to enjoy oneself, to have it cosy
da		when
å gifte seg	[jifte]	to get married
ferdig med	[fæ:rdi]	done with
utmerket	[u:tmærket]	excellent
en/ei regning	[ræiniŋ]	a bill
et øyeblikk	[øyeblik]	a moment
å spandere	[spande:re]	to treat, to pay for somebody

Uttrykk / Expressions

klar til å gjøre noe	ready to do something
det høres bra ut	it sounds good
for ... år siden	... years ago
ferdig med noe	done with something

Oppgaver / Exercises

1. Fyll ut det følgende med refleksive pronomen.
Fill out the following with reflexive pronouns.

1) Da jeg først kom til Norge, likte jeg _____ der (there).

2) Han ombestemte _____ da han hørte at hun ikke koste

_____ på festen.

3) Har dere likt _____ i Norge?

4) Vi giftet _____ for 5 år siden. Men de giftet _____ for

en uke siden.

5) Du har ombestemt _____, ikke sant?

6) Hun ville ikke gifte _____.

7) Vi koser _____ her.

8) De likte _____ ikke i Tromsø. Det var for kaldt.

9) Han koste _____ ikke på ferie.

10) Når skal dere gifte _____?

2. Oversett til norsk.
Translate into Norwegian.

1) I have tried that many times.

2) He told that to you.

3) I have asked him about the restaurant.

4) Have they already come?

5) We invited a lot of friends to the party.

6) She has had the potato salad.

7) They have lived here for 2 years.

8) She came 2 minutes ago.

9) They have become friends.

10) We have just learned the present perfect and past tenses.

3. Fyll ut det følgende med perfektum og preteritum.
Fill out the following with the present perfect tense and the past tense.

Vi (å gifte) _____ nettopp _____ oss. Vi (å

ha) _____ en stor fest for 2 dager siden. Vi (å leie)

_____ en fin restaurant til festen. Og vi (å

invitere) _____ mange venner og slektinger.

Vi (å spørre) _____ alle om de (å ville)

_____ spise kyllinggryte eller laks. Noen (å si)

_____ at de (å ville) _____ ha laks,

og neon (å spørre) _____ om vi (å ha)

_____ noe vegetarisk. Noen (å si)

_____: – Jeg (å smake) _____ aldri

[never] _____ på kyllinggryte og jeg vil aldri

smake på det. Ingen [nobody] (å komme) _____

til festen.

Nå (å lære) _____ jeg _____ å aldri

spørre noen om hva de vil spise. Fra nå av skal de spise hva jeg

(å servere) _____. Jeg (å ha) _____

nok.

I går [yesterday] (å leie) _____ vi en ny leilighet.

Vi (å bo) _____ i leiligheten i 2 dager nå.

Leksjon 12

Lesson 12

2: 17
Samtale: Norge rundt
2: 18

Etter en uke i Oslo bestemte Lines foreldre seg for å ta en tur til *Sør-landet[1]* og Vestlandet. Og de ville at Line skulle bli med. Line var veldig begeistret. Hun hadde aldri vært utenfor Oslo. Men først måtte Lines forledre leie en bil. De ringte til bilutleie.

Marit: Vi vil gjerne leie en bil fra den 17. til den 24. november.

E: Hva slags bil har dere tenkt å leie?

Marit: Personbil med automatgir. Jeg kan ikke kjøre manuell lenger.

E: Vi har tilbud på ukeutleie akkurat nå. Prisen på en 4-dørs automat Volkswagen Golf er *NOK[2]* 2800. *MVA[3]* er inkludert.

Marit: Får vi ubegrenset kilometer?

E: Nei, dessverre. 700 km. er inkludert, men hver ekstra kilometer koster 2 kroner. Og forsikring er ikke inkludert. Den er 100 kr. per døgn.

Marit: Det er greit. Vi tar den.

E: Hvor vil dere avhente og returnere bilen?

Marit: Oslo sentrum, takk.

E: Tusen takk og ha en god tur.

Marit: Takk. Ha det.

Conversation: Around Norway

After a week in Oslo, Line's parents decided to take a trip to the South and the West Coast. And they wanted Line to come along. Line was very excited. She had never been outside Oslo. But first Line's parents had to rent a car. They called a car rental place.

Marit: We would like to rent a car from the 17th to the 24th of November.

E: What kind of car have you thought of renting?

Marit: An automatic passenger car. I cannot drive manual any longer.

E: We have a special on weekly rentals right now. The price for a 4-door automatic Volkswagen Golf is NOK 2800. Sales tax is included.

Marit: Do we get unlimited kilometers?

E: Unfortunately, no. 700 km. are included, but every extra kilometer costs 2 kroner. And insurance is not included. It is 100 kroner per day and night.

Marit: That's fine. We'll take it.

E: Where do you want to pick up and return the car?

Marit: Downtown Oslo, please.

E: Thank you very much and have a nice trip.

Marit: Thank you. Good-bye.

Marit: Jon, jeg har nesten glemt hvor dyrt det er i Norge!

Line: Mamma, pappa, hvor skal vi reise?

Jon: Først reiser vi til Stavanger, overnatter der og neste dag kjører vi til Bergen. Vi har mange slektninger i Bergen, så vi skal bli der i 3 dager.

Line: Jeg har hørt så mye om *Fisketorget*[4] i Bergen. Jeg vil absolutt se det. Og jeg vil også besøke universitetet i Bergen.

Jon: Line, vet du at det er bare fire universiteter i Norge? På Østlandet i Oslo, på Vestlandet i Bergen, i Midt-Norge i Trondheim og i Nord-Norge i Tromsø.

Line: Jeg ville ikke studere hrerken i Trondheim eller i Tromsø. Det må være så kaldt der om vinteren. Og somrene er sikkert veldig korte.

Jon: Egentlig, er det ikke så verst. De fleste store byer i Norge ligger på kysten, og *på grunn av*[5] Golfstrømmen er det ikke så kaldt hrerken i Trondheim eller i Tromsø. Klimaet i Trondheim er ikke så forskjellig fra klimaet i Oslo. Tromsø er kaldere, og folk sier at det er bare to årstider i Tromsø. Høsten og våren kommer aldri dit. Men Tromsø får midnattssola.

Line: Hva betyr midnattsola?

Marit: Jon, I have almost forgotten how expensive it is in Norway!

Line: Mom, Dad, where will we go?

Jon: First we are going to Stavanger, spending a night there, and the next day we are driving to Bergen. We have many relatives in Bergen, so we will stay there for 3 days.

Line: I have heard so much about the Fish Market in Bergen. I absolutely want to see it. And I also want to visit Bergen University.

Jon: Line, do you know that there are only four universities in Norway? On the East Coast in Oslo, on the West Coast in Bergen, in Mid-Norway in Trondheim, and in Northern Norway in Tromsø.

Line: I wouldn't want to study either in Trondheim or in Tromsø. It must be so cold there in the wintertime. And summers are for sure very short.

Jon: Actually, it's not that bad. Most big cities in Norway are on the coast, and because of the Gulf Stream it's not that cold either in Trondheim or in Tromsø. The climate in Trondheim is not that different from the climate in Oslo. Tromsø is colder, and folks say that there are only two seasons in Tromsø. The fall and the spring never come there. But Tromsø gets the midnight sun.

Line: What does *midnattsola* mean?

Jon: Det betyr at det er lyst både natt og dag om sommeren, men mørkt hele døgnet rundt om vinteren. Og vet du et annet navn på Bergen?

Line: Det vet jeg, pappa. Den heter Paraply-byen, fordi det regner veldig mye i Bergen.

Jon: It means that it's light both night and day in the summertime, but dark all day and night in the wintertime. And do you know another name for Bergen?

Line: I know that, Dad. It's called the Umbrella City, because it rains a lot in Bergen.

Fotnoter / Footnotes

¹ Sørlandet There are five geographical regions in Norway. One can live:

på Østlandet – Eastern Country, East Coast
på Sørlandet – Southern Country, South
på Vestlandet – Western Country, West Coast
i Midt-Norge – lit. *in Mid-Norway*
i Nord-Norge – lit. *in Northern Norway*

² NOK This is the official abbreviation for *Norske kroner.* SEK stands for *Svenska kronor,* and DKK – for *Danske kroner.* The *kroner* of the three Scandinavian countries are slightly different in value, but it's good to know that quite a few businesses in Scandinavia accept any *kroner* at the current exchange rate.

³ MVA This is the acronym for *merverdiavgift – added value tax* that is included in all prices in Norway.

⁴ Fisketorget This is the famous Fish Market in Bergen. Located in the downtown area, it attracts both locals and tourists with its vast variety of fresh fish and other high-quality seafood.

⁵ på grunn av This expression literally means *for reason of.* Its equivalent in English is *because of.*

Grammatikk / Grammar

Perfektum og preteritum / Present Perfect and Past

	Infinitive		Present	Past	Present Perfect
Group I **-te;-t**	å bestemme å høres ut å tenke	to decide to sound to think	bestemmer høres ut tenker	bestemte hørtes tenkte	har bestemt har hørtes ut har tenkt
Group II **-et;-et**	å avhente å regne	to pick up to rain	avhenter regner	avhentet regnet	har avhentet har regnet
Group III **-de; -d**	å eie	to own	eier	eide	har eid
Group IV **-dde; -dd**	å bety	to mean	betyr	betydde	har betydd
Strong Verbs	å begynne å finne å gjøre å hjelpe å kunne å ligge å måtte å skrive å se å vite	to begin to find to do to help can to lie must to write to see to know	begynner finner gjør hjelper kan ligger må skriver ser vet	begynte fant gjorde hjalp kunne lå måtte skrev så visste	har begynt har funnet har gjort har hjulpet har kunnet har ligget har måttet har skrevet har sett har visst

2: 19

Ordlisten / Vocabulary

å bestemme seg	[bes<u>te</u>me]	to decide
en tur		a trip, a tour
Sørlandet	[sø:rlane]	South Norway
Vestlandet	[vestlane]	West Norway
begeistret	[beg<u>æ</u>istret]	excited
utenfor	[u:tenfår]	outside
først	[føşt]	first
en bilutleie	[<u>bi:lu:t</u>læie]	car rental place
et slags	[şlaks]	kind
et automatgir	[auto<u>ma:t</u>gi:r]	automatic gear
manuell	[manu:<u>el</u>]	manual, stick
lenger	[leŋer]	longer, any longer
et tilbud	[tilbu:d]	sale, special offer
akkurat		right, exactly
en pris		a price
ubegrenset	[u:be<u>gr</u>enset]	unlimited
en forsikring	[få<u>ş</u>ikriŋ]	insurance
per	[pær]	per
å avhente		to pick up
å returnere	[retur<u>ne</u>:re]	to return
nesten	[nestn]	almost
å overnatte	[å:vernate]	to spend a night
Midt-Norge		Mid-Norway
Nord-Norge	[no:r]	North Norway
verken ... eller ...	[værken]	neither ... nor ...
sikkert		for sure, surely, certainly
kort	[kårt]	short
egentlig	[e:gentli]	actually
flest		most

en kyst	[çyst]	a coast
Golfstrømmen		the Gulf Stream
en grunn		a reason
et klima		a climate
forskjellig	[fåṣeli]	different
folk	[fålk]	folks
en årstid	[å:ṣti:(d)]	a season
en høst		a fall
en vår	[vå:r]	a spring
aldri		never
en midnattssol		a midnight sun
et lys		light
både ... og ...		both ... and ...
mørk		dark
en paraply	[paraply:]	an umbrella
å regne	[ræine]	to rain

2: 20

Uttrykk / Expressions

hva slags ...	[şlaks]	what kind ...
på grunn av		because of

Oppgaver / Exercises

1. Fyll ut den følgende dialogen.
Complete the following dialog.

Line er veldig _____. Hun skal ta en

_____ til Bergen i morgen. Hun ringer til

_____.

Line: Jeg vil gjerne _____ en bil.

E: Hva _____ bil vil du leie?

Line: 2-dørs, _____. Jeg vil ikke kjøre automat.

E: Vi har et godt _____ akkurat nå. Den koster

300 kr. per døgn.

Line: 300 kr. med _____ kilometer?

E: Ja, det stemmer.

Line: Er _____ inkludert?

E: Nei, den koster 100 kr. per døgn.

Line: Jeg tar den. Hvor kan jeg _____ bilen?

E: Vi har en stasjon i Oslo sentrum og på flyplassen.

Line: Oslo sentrum er greit.

E: Vil du _____ den til samme stasjon?

Line: Ja, takk.

E: Ha en god _____.

2. Svar på følgende spørsmål og avslutt setningene hvor det passer.
Answer the following questions and complete the sentences where appropriate.

1) Hvilket ord betyr nesten det samme som *glad*?_____

2) Et ord som betyr nesten det samme som *å sove.*_____

3) Ikke lang. _____

4) Ikke samme. _____

5) Hva er høst, vinter, vår og sommer? _____

6) Når det er lyst hele døgnet rundt om sommeren og mørkt hele døgnet rundt om vinteren, er det _____.

7) Når det regner må du ta _____.

3. Fyll ut det følgende med perfektum og preteritum.
Complete the following with the present perfect and past tense.

Da Line (å komme) _____ fra turen, (å fortelle)

_____ hun Peter, Anna og Ole om hva hun (å se)

_____ i Stavanger og Bergen. Hun (å si)

_____ også at hun også (å ville)

_____ besøke Trondheim og Tromsø. Anna

(å spørre) _____:

Anna: Hvem (å være) _____ i Trondheim?

Ingen (å være) _____ enten i

Trondheim eller i Tromsø. Ingen (å se) _____

midnattssolen. Så alle (å bestemme) _____ seg for

å ta en tur til Nord-Norge neste sommer. De (å vite)

_____ ikke hvordan de (å skulle)

_____ reise dit, kanskje ta tog eller leie bil. Line

(å fortelle) _____ at hennes foreldre (å betale)

_____ mye for bilen. Det (å bety)

_____ at Peter, Anna, Ole og Line ikke (å

kunne) _____ leie en bil. Men de (å finne)

_____ billige togbilletter på Internettet og (kjøpe)

_____ dem. De (å bestemme) _____

seg for å ta tog til Trondheim og båt [boat] til Tromsø. Line

(å ta) _____ aldri _____ båt.

Leksjon 13

Lesson 13

2: 21
Brev: Mine erfaringer i Norge
2: 22

Kjære mamma og pappa,

Dette er det siste[8] brevet jeg skriver til dere fra Norge. Jeg reiser hjem til USA *om en måned.*[1] Jeg har allerede kjøpt billetter.

For to dager siden kom vi tilbake fra Nord-Norge. Jeg var glad men trøtt etter turen. Vi besøkte Trondheim, *Lofoten*[2] og Tromsø. Hele turen var helt fantastisk! Naturen i Midt- og Nord-Norge er veldig forskjellig fra naturen på Østlandet. Det er mange fjell og fjorder i nord. Det var så pent at jeg ville ta et bilde av alt. Vi så også mange øyer. Ingen bor *der*[3] om vinteren, men om sommeren er det mange turister og nordmenn som kommer dit for å tilbringe ferie på *hytter.*[4]

Nå kan jeg si at jeg har sett mye av Norge. Og som dere ser, har jeg lært mye norsk. Jeg har lagt merke til at folk snakker så mange forskjellige dialekter her i Norge. Vi møtte et gammelt par på båten. Jeg kunne ikke forstå mye av det de sa. Men jeg forstod da de spurte meg om jeg var fra Oslo. Bare tenk hvor overrasket de ble da de fikk vite at jeg var fra USA! Det var det beste komplimentet jeg hadde fått her i Norge.

Letter: My Experiences in Norway

Dear Mom and Dad,

This is the last letter I am writing to you from Norway. I am coming home to the U.S. in a month. I have already bought tickets.

We came back from Northern Norway two days ago. I was happy but tired after the trip. We visited Trondheim, Lofoten, and Tromsø. The entire tour was absolutely fantastic! The landscape in Mid- and Northern Norway is very different from the landscape on the East Coast. There are many mountains and fjords in the north. It was so beautiful that I wanted to take a picture of everything. We also saw a lot of islands. Nobody lives there in the wintertime, but in the summer there are many tourists and Norwegians who come there to spend vacation in the cabins.

Now I can say that I have seen a lot of Norway. And as you see, I have learned a lot of Norwegian. I have noticed that people speak so many different dialects here in Norway. We met an old couple on the boat. I couldn't understand much of what they said. But I understood when they asked me if I was from Oslo. Just think how surprised they were when they learned [got to know] that I was from the U.S.! That was the best compliment I had gotten in Norway.

Jeg gleder meg til å reise hjem, men samtidig *gruer jeg meg til å*[5]
si farvel til vennene mine. Vi har hatt det så hyggelig sammen. Og
jeg liker Oslo. Jeg har til og med lært å like været i Norge. Det er
fint å ha fire årstider. Somrene er varme, og det er ikke fuktig.
Tidlig høst er kanskje den peneste årstiden med mange forskjellige
farger. I *november*[6] blir det ganske kaldt, med mye regn og vind.
Husker dere vår tur til Bergen sist høst? Det regnet og *blåste*[7] i tre
dager. Regn er noe jeg ikke har lært å like ennå. Men snø er
fantastisk. Det snødde mye *sist*[8] vinter, men det var ikke veldig
kaldt. Det var mange dager med sol. Da er det den beste tiden å gå
på ski på fjellet. Jeg vet forresten ikke hva jeg skal gjøre med alle
de vinter*klærne*[9] som jeg har kjøpt her i Norge. En god grunn til å
komme tilbake, ikke sant?

Vi sees snart. Stor klem fra Line.

I am looking forward to going home, but at the same time I am not looking forward to saying goodbye to my friends. We've had such a good time together. And I like Oslo. I have even learned to like the weather in Norway. It's nice to have four seasons. Summers are warm, and it's not humid. Early fall is probably the prettiest season with many different colors. It gets quite cold in November with a lot of rain and wind. Do you remember our trip to Bergen last fall? It rained, and it was windy for three days. Rain is something I haven't learned to like yet. But snow is fantastic. It snowed a lot last winter, but it wasn't very cold. There were many sunny days. Then it's the best time to go skiing in the mountains. By the way, I don't know what I am going to do with all the winter clothes that I have bought in Norway. A good reason to come back, right?

See you soon. Big hug from Line.

Fotnoter / Footnotes

¹ om en måned   Here is a summary of the most frequently used time expressions. Note that seemingly equivalent prepositions in English and Norwegian (for example: *i –* *in* or *for – for*) almost never can be used as such in the same time expressions in both languages. In addition, most prepositions do not have literal meanings at all, as the last three examples show:

om en måned	*in a month*
i en måned	*for a month*
for en måned siden	*a month ago*
i går	*yesterday*
i fjor	*last year*

For other time expressions refer to Lesson 5.

² Lofoten   *Lofoten* is a group of islands off the west coast of Norway north of the Arctic Circle. There are 24,000 inhabitants in the region. Because of the warm Gulf Stream the climate on *Lofoten* is mild compared to, for example, Alaska or Greenland. An average temperature in *Lofoten* during the coldest winter months is only –1°C (30°F), but it remains cool in the summer time with an average temperature of +12°C (52°F). The islands are surrounded by strong tidal currents that bring cod to spawn in the waters of *Lofoten*. Fishing has always formed the basis of the settlement here, but in the past few years *Lofoten* has become a popular tourist destination.

³ der   What is the difference between *dit* and *der* if both are translated into English as *there*? *Dit* is a directional adverb, while *der* is stationary. For example: *Jeg reiserdit – I travel there.* But: *Jeg bor der – I live there.* The same applies to *hit* (directional) and *her* (stationary) both meaning *here*.

[4] *hytter*   *Ei hytte* is probably the Norwegians' favorite vacation destination. Quite often it is a primitive cabin or cottage devoid of any modern conveniences such as electricity, stove, warm water, or an indoor bathroom. They are usually built in rather remote and uninhabited locations such as islands or mountains. Norwegians take pride in their natural ways of experiencing nature and its resources.

[5] *gruer meg til å* This expression is the opposite of *å glede seg til å gjøre noe – to look forward to doing something.* In different contexts it could also be translated as *to be nervous to do something* or *to dread something.*

[6] *november*   Note that months in Norwegian are not capitalized.

januar [janua:r]	*juli [ju:li]*
februar [februa:r]	*august [æugust]*
mars [maş]	*september [september]*
april [apri:l]	*oktober [åktå:ber]*
mai [mai]	*november [no:vember]*
juni [ju:ni]	*desember [desember]*

[7] *blåste*   *Å blåse* is a verb that primarily means *to blow*. However, *det blåser – it blows,* is used to describe windy conditions: *it is windy*.

[8] *siste; sist*   *Siste* is an adjective that means *last, final; det var siste gang hun ringte til ham – it was the last time she called him.*

Sist is also an adjective but it means l*ast, recent, previous*: *det snødde mye sist vinter – it snowed a lot last winter*

[9] *klærne*   Remember the word *klær – clothes*? *Klærne* is its definite form – *the clothes*.

Grammatikk / Grammar

Adjektiv gradbøying / Adjective Comparison

* Normally, comparatives in Norwegian end in -*ere*, and superlatives end in -*est*.

nice – pen	*nicer – pen**ere***	*nicest – pen**est***
cold – kald	*colder – kald**ere***	*coldest – kald**est***

* However, adjectives that end in -*ig* have an -*st* ending in superlative.

cheap – billig	*cheaper – billig**ere***	*cheapest – billig**st***

* There is a handful of irregular adjectives that have a stem change in comparative and superlative. Here are a few of them:

good – god	*better – bedre*	*best – best*
big – stor	*bigger – større*	*biggest – størst*
small – liten	*smaller – mindre*	*smallest – minst*
old – gammel	*older – eldre*	*oldest – eldst*
bad – dårlig	*worse – verre*	*worst – verst*

Merk! / Note!

- If you want to compare two things, use the word *enn,* which means *than: Han er eldre enn hun – He is older than she.*

- Note that when talking about the weather, adjectives following *det er* are in neuter. It's because they refer to the neuter pronoun *det* (*see* Lesson 6):

  Det er kaldt. Det er varmt. Det er fuktig.

2: 23

Ordlisten / Vocabulary

siste		last, final
et brev	[bre:v]	a letter
en erfaring	[erfa:riŋ]	an experience
kjær	[çæ:r]	dear
sist		last, previous
en billett	[bilet]	a ticket
en natur	[natu:r]	nature
et fjell		a mountain
en fjord	[fjo:r]	a fjord
et bilde		a picture
en øy	[øy]	an island
ingen		nobody
der	[dæ:r]	there
en turist	[turist]	a tourist
en nordmann	[no:rman]	Norwegian
dit	[di:t]	there
å tilbringe		to spend (time)
en ferie	[fe:rie]	vacation
en/ei hytte		a cabin
å legge merke til	[mærke]	to notice
en dialekt	[dialekt]	a dialect
en båt		a boat
overrasket	[å:verasket]	surprised
et kompliment	[komplimaŋ]	a compliment
å glede seg til å		to look forward to
samtidig	[samti:di]	at the same time
å grue seg til å		to not look forward to
farvel	[farvel]	farewell
til og med	[tilå:me:]	even
et vær		weather

fuktig	[fukti]	humid
tidlig	[ti:dli]	early
ganske		quite
kald	[kal]	cold
et regn	[ræin]	rain
en vind	[vin]	wind
å blåse	[blå:se]	to blow
ennå		yet
en snø		snow
å snø		to snow
en/ei sol		sun
en/ei tid	[ti:(d)]	time
en ski	[și:]	ski (*n.*)

2: 24

Uttrykk / Expressions

å legge merke til	to notice
å glede seg til å	to look forward to
å grue seg til å	to not look forward to, to dread something, to be nervous to do something
å ha det hyggelig	to have a good time, to have fun
til og med	even
å gå på ski	to go skiing

Oppgaver / Exercises

1. Fyll ut det følgende med riktige tidsuttrykk.
Fill out the following with the correct time expressions.

1) Hvor lenge har du bodd i Norge?

   Jeg har bodd i Norge _____ to år.

2) Når skal mamma komme hjem?

   Hun skal komme hjem _____ en time.

3) Når kom de til Norge?

   De kom _____ 2 dager _____.

4) Det er mandag i dag. _____ var det søndag.

5) Det er 1. mai. 1 april var _____.

6) Kan du ringe til Peter?

   Jeg skal ringe til ham _____ 15 minutter.

7) Jeg har studert norsk _____ 6 måneder nå.

8) For ett år siden, altså [that is] _____ besøkte jeg
   England.

2. Fyll ut det følgende med komparativ eller superlativ.
Fill out the following with the comparative and superlative
forms of the adjective.

1) Det er Per og Peter. Per er 16 år gammel, og Peter er 23. Altså,

   Peter er (gammel) _____ enn Per. Men Per er (stor)

   _____ enn Peter. Du kan også si at Peter er (liten)

   _____ enn Per. Altså, Per er (stor) _____.

2) Det er to kjoler. Den røde kjolen koster 100 kroner, men den gule kjolen koster 150 kroner. Den røde kjolen er (billig) _____ enn den gule. Eller: den gule kjolen er (dyr) _____ enn den røde. Line synes at den gule kjolen er (pen) _____ enn den røde. Hun ser også en grønn kjole. Den er (billig) _____ av de tre, men Line synes den er (pen) _____.

3) Det er ikke veldig kaldt på Lofoten om vinteren. Det er mye (kald) _____ på Grønland. Om sommeren er det ikke veldig varmt i Norge. Det er (varm) _____ i Trondheim enn på Lofoten. Men Oslo er kanskje (varm) _____. Det er ikke veldig fuktig i Norge. Det er mye (fuktig) _____ på Østkysten i USA enn det er i Norge. I Norge er det kanskje Bergen som er (fuktig) _____.

3. Oversett til norsk.
Translate into Norwegian.

1) How is the weather here?

   It is cold here in the wintertime, but it does not rain a lot. But it's windy. I like snow. But it doesn't snow very often here.

2) I like the fall best. But I also have learned to like winter. Often it's sunny. Then it's nice to go skiing.

3) I am looking forward to going on a trip. But I am not looking forward to the cold weather in the north.

4) I have noticed that there are many different dialects in
   Norway.

5) I visited Norway last year. This is my second time. I arrived
   yesterday, and I will stay here for 3 weeks. I will spend my
   vacation on the West Coast.

6) Dear Peter. Thank you for everything. We have had fun
   together. I am looking forward to seeing you in the U.S.
   Big hug, Line.

Grammar Summary

Nouns

Conjugation

Gender	Sing. Indef.	Sing. Def.	Pl. Indef.	Pl. Def.
Ei (f.)	ei jente– a girl	jenta– the girl	jenter– girls	jentene– the girls
En (m.)	en kopp– a cup	koppen– the cup	kopper– cups	koppene– the cups
Ei (n.)	et stykke– a piece	stykket– the piece	stykker– pieces	stykkene– the pieces
Et (n)	et glass– a glass	glasset– the glass	glass– glasses	glassene– the glasses

Adjectives

Conjugation

Masculine/Feminine	Neuter	Plural
en stor kopp ei stor avis	et stort glass	store kopper store aviser store glass
en ny kopp ei ny avis	et nytt glass	nye kopper nye aviser nye glass
en dårlig kopp ei dårlig avis	et dårlig glass	dårlige kopper dårlige aviser dårlige glass
en trist student ei trist jente	et trist barn	triste studenter triste jenter triste barn
en norsk kopp ei norsk avis	et norsk glass	norske kopper norske aviser norske glass

Comparison

	Comparative	Superlative
pen – nice kald – cold	penere – nicer kaldere – colder	penest – nicest kaldest – coldest
billig – cheap	billigere – cheaper	billigst – cheapest
god – good stor – big liten – small gammel– old dårlig – bad	bedre – better større – bigger mindre – smaller eldre – older verre – worse	best – best størst – biggest minst – smallest eldst – oldest verst – worst

Verbs

Weak Verbs

	Infinitive	Meaning	Present	Past	Present Perfect
Group I **-te;-t**	å bestemme å glemme å høres ut å kjøpe å kjøre å lære å reise å smake å spise å studere å tenke	to decide to forget to sound to buy to drive to learn to travel to taste to eat to study to think	bestemmer glemmer høres ut kjøper kjører lærer reiser smaker spiser studerer tenker	bestemte glemte hørtes kjøpte kjørte lærte reiste smakte spiste studerte tenkte	har bestemt har glemt har hørtes ut har kjøpt har kjørt har lært har reist har smakt har spist har studert har tenkt
Group II **-et;-et**	å avhente å gifte seg å koste å lande å regne å slappe av å sykle å veksle	to pick up to get married to cost to land to rain to relax to bike to exchange	avhenter gifter seg koster lander regner slapper av sykler veksler	avhentet giftet seg kostet landet regnet slappet av syklet vekslet	har avhentet har giftet seg har kostet har landet har regnet har slappet av har syklet hat vekslet
Group III **-de; -d**	å eie å leie å prøve	to own to rent to try	eier leier prøvde	eide leide prøvde	har eid har leid har prøvd
Group IV **-dde; -dd**	å bety å bo å snø	to mean to live to snow	betyr bor snør	betydde bodde snødde	har betydd har bodd har snødd

Strong Verbs

Infinitive	Meaning	Present	Past	Present Perfect
å begynne	to begin	begynner	begynte	har begynt
å bli	to become	blir	ble	har blitt
å finne	to find	finner	fant	har funnet
å fortelle	to tell	forteller	fortalte	har fortalt
å få	to get	får	fikk	har fått
å gi	to give	gir	gav	har gitt
å gjøre	to do	gjør	gjorde	har gjort
å gå	to walk	går	gikk	har gått
å ha	to have	har	hadde	har hatt
å hjelpe	to help	hjelper	hjalp	har hjulpet
å komme	to come	kommer	kom	har kommet
å kunne	can	kan	kunne	har kunnet
å ligge	to lie	ligger	lå	har ligget
å måtte	must	må	måtte	har måttet
å skrive	to write	skriver	skrev	har skrevet
å se	to see	ser	så	har sett
å si	to say	sier	sa	har sagt
å skulle	shall	skal	skulle	har skullet
å sove	to sleep	sover	sov	har sovet
å spørre	to ask	spør	spurte	har spurt
å ta	to take	tar	tok	har tatt
å ville	to want	vil	ville	har villet
å vite	to know	vet	visste	har visst
å være	to be	er	var	har vært

Irregular Verbs

Infinitive	Meaning	Present	Past	Present Perfect
å være	to be	er	var	har vært
å gjøre	to do	gjør	gjorde	har gjort
å si	to say	sier	sa	har sagt
å spørre	to ask	spør	spurte	har spurt

Modal Verbs

Infinitive	Meaning	Present	Past	Present Perfect
å kunne	can, be able to may	kan	kunne	har kunnet
å ville	to want	vil	ville	har villet
å måtte	must, have to	må	måtte	har måttet
å skulle	shall, will	skal	skulle	har skullet
å burde	ought to, should	bør	burde	har burdet

Pronouns
Subject, Object, and Reflexive Pronouns

Subject		Object		Reflexive	
jeg	I	meg	me	meg	myself
du	you	deg	you	deg	yourself
han	he	han/ham	him	seg	himself
hun	she	henne	her	seg	herself
det	it (*n.*)	det	it	seg	itself
den	it (*m., f.*)	den	it	seg	itself
vi	we	oss	us	oss	us
dere	you (*pl.*)	dere	you	dere	yourselves
de	they	dem	them	seg	themselves

Possessive Pronouns

	my	your	his	her	our	your (*pl.*)	their	[noun]
en/ei	min	din	hans	hennes	vår	deres	deres	adresse
et	mitt	ditt	hans	hennes	vårt	deres	deres	glass
pl.	mine	dine	hans	hennes	våre	deres	deres	appelsiner

	the [noun] of	mine	yours	his	hers	ours	yours (*pl.*)	theirs
en/ei	adressen	min	din	hans	hennes	vår	deres	deres
et	glasset	mitt	ditt	hans	hennes	vårt	deres	deres
pl.	appelsinene	mine	dine	hans	hennes	våre	deres	deres

Word Order

Regular

Subject	Verb1	Adverb	Verb2	Object	Place Adverb	Time Adverb
han	bor	også			i Oslo	nå.
han	vil	gjerne	spise	middag	hjemme	i dag.

Inverted

Place/Time Adv; Object	Verb1	Subject	Adverb	Verb2	Object	Place Adverb	Time Adverb
Nå	bor	han	også			i Oslo.	
I dag	vil	han	gjerne	spise	middag	hjemme.	

Question

Question Word	Verb1	Subject	Adverb	Verb2	Object	Place Adverb	Time Adverb
	bor	han	også			i Oslo	nå?
hvorfor	vil	han	gjerne	spise	middag	hjemme	i dag?

Numerals

1	én, éi, ett	21	tjueen
2	to	22	tjueto
3	tre	23	tjuetre
4	fire	24	tjuefire
5	fem	25	tjuefem
6	seks	30	tretti
7	sju [şu:]	40	førti
8	åtte	50	femti
9	ni	60	seksti
10	ti	70	sytti [søtti]
11	elleve [elve]	80	åtti
12	tolv [tål]	90	nitti
13	tretten [tretn]	100	hundre
14	fjorten [fjo:rtn]		
15	femten [femtn]		
16	seksten [sæistn]		
17	sytten [søtn]		
18	atten [atn]		
19	nitten [nitn]		
20	tjue [çu:e]		

Time Expressions

Concrete – i		General – om	
i morges	this morning	om morge**nen**	in the mornings
i ettermiddag	this afternoon	om ettermiddag**en**	in the afternoons
i kveld	this evening	om kveld**en**	in the evenings
i natt	tonight	om natt**en**	at night

Other	
om en måned	**in** a month
i en måned	**for** a month
for en måned siden	a month ago
i går	yesterday
i fjor	last year

Exercise Key

Lesson 1

1: heter; kommer; møter; tror; er; kommer; kommer; ser; å se; møter; å møte.

2: 1) Jeg kommer ikke fra Bergen.
2) Er han også fra Oslo?
3) Hvor bor hun nå?
4) Jeg tror at hun bor i Oslo. / Hun tror at jeg bor i Oslo.

3: kommer/er; bor; kommer/er; hun; ikke; fra; også; ser; hyggelig; måte; dette; dette; å møte; I like måte.

4: 1) Hva heter du?
2) Hva heter han?
3) Hvor kommer de fra?
4) Bor hun i Bergen?
5) Vi bor ikke i Trondheim, vi bor i Oslo nå.
6) Peter møter Ole.
7) Hvor er Trondheim?
8) Tror du at jeg heter Tor?
9) Jeg tror du heter Peter.
10) Jeg tror ikke at du er fra Bergen. Jeg tror du er fra Oslo.
11) Dette er Anna.

Lesson 2

1. Ei: mor; **En:** mor, far, kveld, kino, student, dag; **Et:** universitet

2. Hvordan går det?; Og med deg?; takk; å se deg; I like måte; ha det / ha det bra / vi sees.

3. møter; er; heter; kommer; kan; snakke; lærer; å snakke; inviterer; å gå; må; studere; vil; bli; skal; invitere.

4. 1) Jeg må studere norsk. 2) Jeg vil bli med. 3) Jeg kan ikke gå på kino i kveld. 4) Hun lærer norsk på universitetet. 5) Kan du snakke engelsk? 6) Du kan møte meg på kino. 7) Vi vil invitere Ole. 8) Hvordan går det? 9) Jeg skal komme i kveld. 10) De skal bli med.

Lesson 3

1. Vil du ha; takk; tørst; har du lyst; takk; gjerne ha; vær så god; få; sulten; vær så god; forsynt/mett; for maten.

2. 1) den; 2) den; 3) den; 4) den; 5) det; 6) den; 7) den; 8) det

3. 1) leilighet; 2) spise; 3) frokostblanding; 4) forsynt/mett; 5) takk for maten; 6) en kopp; 7) uten; 8) sukker/melk; 9) ringer; 10) brødskive/skive; 11) spør; 12) sier; 13) er; 14) gjør

4. til; på; til; om; til; på; på; om; på; på; til; på.

Lesson 4

1. et stykke, en pose, en flaske, et glass, en kartong, en pose, en kartong, en pose

2. 1) syltetøyet; 2) jentene; 3) brødet; 4) flasken; 5) jenta; 6)

kjøleskapet; 7) eplene; 8) glassene; 9) kronen; 10) studentene;
11) faren; 12) appelsinene

3. et kjøleskap, kjøleskapet, en matbutikk, matbutikken, melk,
brød, et eple, appelsiner, eplet, appelsinene, tomater, tomatene,
glass, et stykke, brunosten

4. 12 tolv, 18 atten, 27 tjüesju, 48 førtiåtte, 79 syttini,
156 hundreogfemtiseks, 364 trehundreogsekstifire,
987 nihundreogåttisju

5. 77, 96, 16, 60, 27, 581, 803, 211, 102, 139, 80

Lesson 5

1. 1) ni; 2) halv sju; 3) kvart over tolv; 4) kvart på tre; 5) fem
over sju; 6)fem på elleve; 7) fem på halv fire; 8) fem over halv
fire; 9) ti på halv fem; 10) ti over halv tre

2. 1) 3:15; 2) 7:45; 3) 6:55; 4) 10:10; 5) 1:25; 6) 11:40

3. 1) klokka er ti på halv elleve; 10:20 klokka er ti tjue
2) klokka er halv ni; 20:30 klokka er tjue tretti
3) klokka er kvart over tolv; 12:15 klokka er tolv femten
4) klokka er kvart på fem; 16:45 klokka er seksten førti fem
5) klokka er fem over ni; 9:05 klokka er ni null fem
6) klokka er fem på åtte; 7:55 klokka er sju femti fem
7) klokka er fem på halv seks; 17:25 klokka er sytten tjue fem
8) klokka er ti på halv sju; 6:20 klokka er seks tjue
9) klokka er ti over halv tre; 14:40 klokka er fjorten førti

4. om; i; i; på; om; i; på; på; i; om; på

5. Anna våkner klokka sju hver dag. Hun står opp klokka kvart på åtte. Hun spiser frokost mellom klokka åtte og ti på halv ni. Hun går klokka halv ni. Anna er på skolen mellom ti over ni og halv fire på tirsdag og torsdag og mellom klokka ti over ni og kvart over fire på mandag, onsdag og fredag. Hun kommer hjem og lager middag. Hun spiser middag klokka halv seks. Hun liker å ta en lur, men hun kan ikke gjøre det hver dag. Anna liker også å slappe av, se på TV eller lese. Hun går til sengs klokka halv elleve. Hun sover mellom klokka halv elleve om kvelden og sju om morgenen.

Lesson 6

1. 1) svarte; 2) billig; 3) hvit; 4) stort; 5) norske; 6) blått; 7) dyr; 8) fine; 9) trist; 10) stort

2. et kjøpesenter; stort; brun; blått; kåpen; billig; skjørtet; dyrt; norske; dyre; trist; dyrt; fine; amerikanske; dyre; vottene; kåpen

3. 1) et kjøpesenter; 2) mindre; 3) et prøverom; 4) billig; 5) dyr; 6) farger; 7) handler; 8) å kikke

4. på; til; om; med; på; i; med; i; til; til; til

Lesson 7

1. 1) en heis; 2) leie; 3) besøke; 4) en annonse; 5) møblert; 6) et kjøkken; 7) en rabatt; 8) en blokk; 9) navn

2. 1) Jeg vil at du skal møte Line; 2) Hun vil at han skal spise middag kl 6; 3) Du vil at hun skal gå til sengs nå; 4) Vi vil at han skal kjøpe et nytt par bukser; 5) De vil at vi skal leie en leilighet; 6) Han vil at jeg skal ringe til Anna.

3. fint; trist; fullt; dårlig; sent; varmt; nytt; billig

4. mitt eple = eplet mitt
dine epler = eplene dine
hans leilighet = leiligheten hans
hennes kjøkken = kjøkkenet hennes
vårt rom = rommet vårt / våre rom = rommene våre
vår kopp = koppen vår
våre bukser = buksene våre
deres adresse = adressen deres
deres navn = navnet deres / deres navn = navnene deres
deres brødskiver = brødskivene deres.

5. min; din; hennes; hennes; vår; mitt; hans; deres; vår; deres.

Lesson 8

1. 1) kilometer; 2) trikk; 3) klesskap; 4) komfyr; 5) bord; 6) hybel; 7) dør; 8) bokhylle; 9) henge; 10) vegger; 11) sofa; 12) vinduer; 13) vanskelig; 14) mikrobølgeovn

2. 1) Hvor langt er det fra ditt hus til sentrum? Det er to kilometer til sentrum.
2) Hvor lang tid tar det for deg å komme til universitetet? Det tar circa 10 minutter hvis jeg tar buss eller trikk.
3) Hvordan kommer du hjem? Jeg kan ta buss, trikk eller

T-bane. Men jeg liker å gå.

4) Hvor langt er det til butikken? Hvor lang tid tar det å komme dit med T-bane? Det er 1 mil. Det tar 20 minutter å komme dit med T-bane.

3. 1) T-bane skal jeg ta til skolen i dag. I dag skal jeg ta T-bane til skolen.
2) I morgen har de en visning i Majorstua. I Majorstua har de en visning i morgen.
3) I rommet er det en sofa og et klesskap.
4) Her er det ikke vanskelig å finne en parkeringsplass.
5) I Majorstua vil hun ikke leie en leilighet.
6) Neste måned skal de besøke Line.
7) I kveld vil jeg gjerne spise middag på kjøkkenet. Middag vil jeg gjerne spise på kjøkkenet i kveld. På kjøkkenet vil jeg gjerne spise middag i kveld.

4. Du må ringe på døra. Jeg kan også bo med deg i en leilighet. Neste dag tar Line buss til Majorstua. Da tar det fem minutter å komme hjem. På lørdag vil jeg leie en ny leilighet. Nå vil jeg ikke snakke norsk. I morgen vil jeg gjerne besøke deg kl.6.

Lesson 9

1. 1) se, gå, ta, kryss, gå; 2) vent; 3) gå, kjøp, lag; 4) kom

2. **Peter:** Hvordan kan jeg finne leiligheten?
   Line: Gå Ibsens vei rett fram. Ta til høyre. Kryss gata. Du skal se en bussholdeplass til venstre. Fortsett rett fram til du går forbi biblioteket. Det ligger også en butikk ved siden av biblioteket. Du skal se huset på den andre siden av gata.

3. 1) henne; 2) dem; 3) ham/han; 4) den; 5) de; t 6) dem; 7) oss;
8) dere

4. 1) Dere kommer til dem. 2) Jeg ringer til ham. 3) De finner oss.
4) Hun forteller det til deg. 5) Vi inviterer dere. 6) Han hjelper
meg. 7) De leier en leilighet til henne. 8) Dere spør oss. 9) Jeg
skriver til dem. 10) Vi spiser med deg.

Lesson 10

1. 1) besøk; 2) en flyplass; 3) bagasje; 4) fly; 5) veksle; 6) byer;
7) en drosje; 8) en tusenlapp; 9) tur-retur; 10) severdigheter;
11) en dato; 12) et døgn; 13) en uke

2. 1) har glemt, har kjøpt; 2) har vært; 3) har sett; 4) har vekslet,
spist, slappet av; 5) har kjørt, har gått; 6) har fått; 7) har gitt

3. sov, var, syklet, glemte, syklet, spiste, slappet, gikk, kjøpte,
kostet, gav, fikk, kjørte, var

Lesson 11

1. 1) meg; 2) seg, seg; 3) dere; 4) oss, seg; 5) deg; 6) seg; 7) oss;
8) seg; 9) seg; 10) dere

2. 1)   Jeg har prøvd det mange ganger.
2)   Han fortalte det til deg.
3)   Jeg har spurt ham om restauranten.
4)   Har de allerede kommet?

5) Vi inviterte mange venner til festen.
6) Hun har hatt potetsalaten.
7) De har bodd her i 2 år.
8) Hun kom for to minutter siden.
9) De har blitt venner.
10) Vi har nettopp lært perfektum og preteritum.

3. har giftet; hadde; leide; inviterte; spurte; ville; sa; ville; spurte; hadde; sa; har smakt; kom; har lært; har servert; har hatt; leide; har bodd

Lesson 12

1. begeistret, tur, bilutleie, leie, slags, manuell, tilbud, ubegrenset, forsikring, avhente, returnere, tur

2. 1) begeistret; 2) å overnatte; 3) kort; 4) forskjellig; 5) årstider; 6) midnattssola; 7) en paraply

3. kom, fortalte, så, sa, ville, spurte, har vært, har vært, har sett, bestemte, visste, skulle, fortalte, betalte, betydde, kunne, fant, kjøpte, bestemte, har tatt

Lesson 13

1. 1) i; 2) om; 3) for ... siden; 4) i går; 5) for en måned siden; 6) om; 7) i; 8) i fjor

2. 1) eldre, større, mindre, størst; 2) billigere, dyrere, penere, billigst, penest; 3) kaldere, varmere, varmest, fuktigere, fuktigst

3. 1) Hvordan er været her? Det er kaldt her om vinteren, men det regner ikke mye. Men det blåser. Jeg liker snø. Men det snør ikke veldig ofte her.

2) Jeg liker høsten best. Men jeg har også lært å like vinter. Ofte er det sol. Da er det fint å gå på ski.

3) Jeg gleder meg til å reise på tur. Men jeg gruer meg til kaldt vær i nord.

4) Jeg har lagt merke til at det er mange forskjellige dialekter i Norge.

5) Jeg besøkte Norge i fjor. Det er min 2. gang. Jeg kom i går, og jeg skal bli her i 3 uker. Jeg skal tilbringe ferien min på Vestlandet.

6) Kjære Peter. Takk for alt. Vi har hatt det hyggelig sammen. Jeg gleder meg til å se deg i USA. Stor klem, Line.

Expressions

Norwegian-English

bare bra, takk	just fine, thanks
bare hyggelig	my pleasure, you are welcome
det er på tide at jeg ...	it is time for me ...
det er det samme for meg	it's the same to me, it doesn't matter to me
det er sant	that's true
det går bra, takk	it is going well, thanks
det høres bra ut	it sounds good
det stemmer	that's right
ferdig med noe	done with something
fortsette rett fram	continue straight ahead
gå forbi	pass by
gå over, å krysse	cross
gå på ski	go skiing
gå på tur	go for a walk, go hiking
gå rett fram	go straight ahead
gå til sengs	go to bed
glede seg til å	look forward to
grue seg til å	not look forward to, dread to do something
ha det hyggelig	have a good time, to have fun
ha det; ha det bra	bye bye;
ha lyst på ...	would like ...
ha råd til noe [rå:]	be able to afford something
hva slags ...	what kind ...
Hvor gammel er du?	How old are you?

hvor mye ...	how much
Hvordan går det?	How's it going?, How are you?, How does it go?
hyggelig å møte deg	nice to meet you
hyggelig å se deg igjen	nice to see you again
i like måte	likewise; in like manner
jeg vil gjerne ...	I would like to ...
klar til å gjøre noe	ready to do something
legge merke til	notice
og med deg?	and with you?, and what about you?
på den andre siden av	on the other side of
på grunn av	because of
se på TV	watch TV
ta en lur	take a nap
ta til	turn to
til høyre/venstre	to the right/left
til og med	even
tusen takk	thank you very much
unnskyld	excuse me
vær så god	here you are; please
ved siden av	next to
vi sees!	see you!

Expressions

English-Norwegian

and with you?; and what about you?	og med deg?
be able to afford something	ha råd til noe [rå:]
because of	på grunn av
bye bye	ha det; ha det bra
continue straight ahead	fortsette rett fram
cross	gå over, å krysse
done with something	ferdig med noe
dread to do something	grue seg til noe
even	til og med
excuse me	unnskyld
go for a walk, go hiking	gå på tur
go skiing	gå på ski
go straight ahead	gå rett fram
go to bed	gå til sengs
have a good time, have fun	ha det hyggelig
here you are; please	vær så god
how much	hvor mye
How old are you?	Hvor gammel er du?
How's it going?, How are you?, How does it go?	Hvordan går det?
I would like to ...	Jeg vil gjerne ...
it is going well, thanks	det går bra, takk
it is time for me ...	det er på tide at jeg ...
it sounds good	det høres bra ut
it's the same to me, it doesn't matter to me	det er det samme for meg

just fine, thanks	bare bra, takk
likewise; in like manner	i like måte
look forward to	glede seg til å
my pleasure, you are welcome	bare hyggelig
next to	ved siden av
nice to meet you	hyggelig å møte deg
nice to see you again	hyggelig å se deg igjen
not look forward to	grue seg til å
notice	legge merke til
on the other side of	på den andre siden av
pass by	gå forbi
ready to do something	klar til å gjøre noe
to the right/left	til høyre/venstre
see you!	vi sees!
take a nap	ta en lur
thank you very much	tusen takk
that's right	det stemmer
that's true	det er sant
turn to	ta til
watch TV	se på TV
what kind ...	hva slags ...
would like...	ha lyst på ...

Glossary
Norwegian-English

References after some Norwegian entries provide articles for nouns and present (if irregular), past and present perfect endings or forms for verbs.

A

absolutt [abso:lut] *adj.* absolute, definite
adresse [adrese] *n. (-en/ei)* address
agurk *n. (-en)* cucumber
akkurat *adv.* right, exactly
aldri *adv.* never
allikevel [ali:kevel] *adv.* anyway
alle *pron.* all
allerede [alere:de] *adv.* already
alt *pron.* everything
amerikansk [amerika:nsk] *adj.* American
andre *pron.* other
annet [a:nt] *pron.* else, other
annonse [anånse] *n. (-en)* ad
appelsin [apelsi:n] *n. (-en)* orange
april [apri:l] *n.* April
at [at] *conj.* that
august [æugust] August
automatgir [æutoma:tgi:r] *n. (-et)* automatic gear
avhente *v. (-et, et)* pick up
avtale *n. (-en)* appointment

B

bad [ba:d] *n.* *(-et)* bathroom
bagasje [baga:şe] *n.* *(-en)* luggage
balkong [balkåŋ] *n.* *(-en)* balcony
bank *n.* *(-en)* bank
bare [ba:re] *adv.* only, just
begeistret [begæistret] *adj.* excited
begynne [bejyne] *v.* *(-te, -t)* begin
bensin [bensi:n] *n.* *(-en)* gas
best *adj.* best
bestemme seg [besteme] *v.* *(-te, -t)* decide
bestikk [bestik] *n.* *(-et)* silverware
bestille [bestile] *v.* *(-te, -t)* order
besøk [besø:k] *n.* *(-et)* visit
besøke [besø:ke] *v.* *(-te, -t)* visit
betale [beta:le] *v.* *(-te, -t)* pay
bibliotek [biblio:te:k] *n.* *(-et)* library
bil *n.* *(-en)* car
bilde *n.* *(-et)* picture
billett [bilet] *n.* *(-en)* ticket
billig [bili] *adj.* cheap
bilutleie [bi:lu:tlæie] *n.* *(-en)* car rental
bli *v.* *(ble, blitt)* become, stay
bli med [bli: me:] *v.* *(ble, blitt)* join, come along
bli til *v.* *(ble, blitt)* turn into, become
blokk [blåk] *n.* *(-en)* apartment building
blå [blå:] *adj.* blue
blåse [blå:se] *v.* *(-te, -t)* blow
bo [bo:] *v.* *(-dde, -dd)* live
bokhylle [bo:khyle] *n.* *(-en/ei)* bookshelf
bord [bo:r] *n.* *(-et)* table
bra [bra:] *adj.* well, good
brev *n.* *(-et)* letter
brun [bru:n] *adj.* brown

brunost [bru:no:st] *n.* *(-en)* caramelized goat cheese
brød [brø:] *n.* *(-et)* bread
brødskive [brø:şi:ve] *n.* *(-en/ei)* slice of bread, sandwich
bukse [bokse] *n.* *(-en/ei)* pants
burde *v.* *(bør, burdet, burdet)* ought to, should
buss *n.* *(-en)* bus
bussholdeplass [bushåleplas] *n.* *(-en)* bus stop
butikk [bu<u>tik</u>] *n.* *(-en)* store
by *n.* *(-en)* city
både ... og ... [bå:de ... å:g ...] *conj.* both ... and ...
båt *n.* *(-en)* boat

D

da *conj.* when
da *adv.* then
dag [da:g] *n.* *(-en)* day
dagskort [da:gskårt] *n.* *(-et)* daily pass
dato [da:to:] *n.* *(-en)* date
deg [dæi] *pron.* you (object)
dele *v.* *(-te,-t)* share
dem *pron.* them
der borte [dæ:r borte] *adv.* over there
der [dæ:r] *adv.* there
desember [de<u>sem</u>ber] December
dessverre [des<u>vær</u>e] *adv.* unfortunately
det [de:] *pron.* that, it
dette [dete] *pron.* this
dialekt [dia<u>lekt</u>] *n.* *(-en)* dialect
disk *n.* *(-en)* counter
dit [di:t] *adv.* there
dongeribukse [då<u>n</u>eribokse] *n.* *(-en/ei)* jeans
drikke [drike] *v.* *(drakk, drukket)* drink
drosje [dråşe] *n.* *(-en)* taxi, cab
du [du:] *pron.* you *(sg.)*

dyr [dy:r] *adj.* expensive
døgn [døyn] *n.* *(-et)* 24 hours
dør *n.* *(-en/ei)* door

E

egentlig [e:gentli] *adv.* actually
ekspeditrise [ekspeditri:se] *n.* *(-en/ei)* shop assistant (female)
elektrisitet [elektrisite:t] *n.* *(-en)* electricity
engelsk [eŋelsk] *adj.* English
enkeltbillett [enkeltbilet] *n.* *(-en)* single ticket
ennå *adv.* yet
enten ... eller ... *conj.* either ... or...
eple *n.* *(-et)* apple
erfaring [erfa:riŋ] *n.* *(-en)* experience
ertegrøt [ærtegrø:t] *n.* *(-en)* creamed peas, pea porridge
etasje [eta:şe] *n.* *(-en)* floor (level), story
etter *prep., conj.* after
ettermidag [etermida:(g)] *n.* *(-en)* afternoon
etterpå *adv.* afterwards

F

fantastisk [fantastisk] *adj.* fantastic
far [fa:r] *n.* *(-en)* father
farge *n.* *(-en)* colour
farvel [farvel] *interj.* farewell
februar [februa:r] *n.* February
fellesvaskeri [felesvaskeri:] *n.* *(-et)* shared laundry room,
    laundromat
ferdig [færdi] *adj.* done, ready
ferdig med [færdi] *adj.* done with
ferdig til [færdi] *adj.* ready to do something
ferie [fe:rie] *n.* *(-en)* vacation
fest *n.* *(-en)* party
fin [fi:n] *adj.* nice

finne *v*. *(fant, funnet)* to find
fjell *n*. *(-et)* mountain
fjord [fjo:r] *n*. *(-en)* fjord
flaske *n*. *(-en/ei)* bottle
flest *adj*. most
flexikort [fleksikårt] *n*. *(-et)* stamp card
fly *n*. *(-et)* plane
flybuss *n*. *(-en)* airport shuttle
flyplass *n*. *(-en)* airport (commonly used)
folk [fålk] *n*. *(-et)* folks
forbi [forbi:] *prep., adv*. by
forresten [fåresten] *adv*. by the way
forsikring [fåsikriŋ] *n*. *(-en)* insurance
forskjellig [fåseli] *adj*. different
forsynt [fåsy:nt] *adj*. satisfied
fortelle [fårtele] *v*. *(fortalte, fortalt)* tell
fortsette *n* *(fortsatte, fortsatt)* continue
fra [fra:] *prep*. from
fram / rett fram *adv*. ahead, forward, straight ahead
fredag [fre:da:(g)] Friday
frokost [fro:kost] *n*. *(-en)* breakfast
frokostblanding [fro:kostblaniŋ] *n*. *(-en)* cereal (*lit*. breakfast mix)
frukt *n*. *(-en)* fruit
fuktig [fokti] *adj*. humid
full *adj*. full
fyring *n*. *(-en)* heat
før *prep*. before
først [føşt] *adj*. first
få [få:] *v*. *(fikk, fått)* get

G

gammel *adj*. old
gang *n*. *(-en)* time
ganske *adv*. quite

gate *n.* *(-en/ei)* street
genser *n.* *(-en)* sweater
gi [ji:] *v.* *(gav, gitt)* give
gifte seg [jifte] *v.* *(-et, -et)* get married
gjelde [jele] *v.* *(gjaldt, gjeldt)* concern, to be valid
gjennom *prep.* through
gjerne [jæ:rne] *adv.* gladly, just as well
gjøre [jø:re] *v.* *(gjorde, gjort)* do
glad [gla:] *adj.* happy
glass *n.* *(-et)* glass, jar
glede seg til å *v.* *(-et, -et)* look forward to
glemme *v.* *(-te, -t)* forget
god *n.* [go:] *adj.* good
Golfstrømmen *n.* Gulf Stream
grue seg til å [gru:e] *v.* *(-et, -et)* not look forward to, dread to do
  something
grunn *n.* *(-en)* reason
grønnsak *n.* *(-en)* vegetable
gøy *n.* *(-en/-et)* fun
gå [gå] *v.* *(gikk, gått)* walk, to go
gå av [gå] *v.* *(gikk, gått)* get off

H

halv [hal] *adj.* half
ham *pron.* him
han [han] *pron.* he
handle *v.* *(-et, -et)* shop, to go/do shopping
hei [hæi] *interj.* hi
heis [hæis] *n.* *(-en)* elevator
hel [he:l] *adj.* whole, complete, absolute
henge [heŋe] *v.* *(-te, -t)* hang
henne *pron.* her
her [hæ:r] *pron.* here
hete [he:te] *v.* *(het, hett)* be called

hjelp [jelp] *n. (-en)* help
hjelpe [jelpe] *v. (hjalp, hjulpet)* help
hjem [jem] *n. (-et)* home
hos [ho:s] *prep.* at (somebody's place)
hotel [ho:tel] *n. (-et)* hotel
hundrelapp *n. (-en)* hundred-dollar bill
hus [hu:s] *n. (-et)* house
huske *v. (-et, -et)* remember
hva [va:] *pron.* what
hvem [vem] *pron.* who
hver [væ:r] *pron.* every
hverandre [værandre] *pron.* each other
hvis [vis] *conj.* if
hvit [vi:t] *adj.* white
hvor [vo:r] *conj.* where
hvordan [vo:rdan] *conj.* how
hybel *n. (-en)* dorm, rented room
hyggelig [hygeli] *adj.* nice, fun
hytte *n. (-ei)* cabin
høres ut *v. (-tes, tes)* sound
høst *n. (-en)* fall
høyre [høyre] *n.* right

I

i [i:] *prep.* in
idé [ide:] *n. (-en)* idea
igjen [ijen] *adv.* again
ikke sant *adv.* isn't it right
ikke [ike] *adv.* not
i like måte [i:li:kemå:te] *adv.* likewise
ingen [iŋen] *pron.* nobody
inkludert [inklude:rt] *prep.* including, included
inngang *n. (-en)* entrance
invitere [invite:re] *v. (-te, -t)* invite

istedet [i:ste:de] *adv.* instead

J

januar [janua:r] *n.* January
jeg [jæi] *pron.* I
jente [jente] *n.* (*-en/ei*) girl
juice [ju:s] *n.* (*-en*) juice
juli [ju:li] *n.* July
juni [ju:ni] *n.* June

K

kaffe [kafe] *n.* (*-en*) coffee
kald [kal] *adj.* cold
kanskje [kanşe] *adv.* maybe, probably
kartong [kartåŋ] *n.* (*-en*) carton
kasse *n.* (*-en*) cash register
kelner *n.* (*-en*) waiter
kikke [çike] *v.* (*-et, -et*) look around, browse
kilo [çi:lo] *n.* (*-et/en*) kilogram
kilometer [çi:lome:ter] *n.* (*-en*) kilometer
kino [çi:no] *n.* (*-en*) movie theatre
kjær [çæ:r] *adj.* dear
kjøkken [çøken] *n.* (*-et*) kitchen
kjøleskap [çø:leska:p] *n.* (*-et*) refrigerator
kjøpe [çø:pe] *v.* (*-te,-t*) buy
kjøpesenter [çø:pesenter] *n.* (*-et*) shopping mall
kjøre [çø:re] *v.* (*-te, -t*) drive
klem *n.* (*-en*) hug
klesskap [kle:ska:p] *n.* (*-et*) closet, wardrobe
klima *n.* (*-et*) climat
klokke [klåke] *n.* (*-en/ei*) watch, clock
klær *n./pl.* (*klærne*) clothes
kollektivtrafikk *n.* (*-en*) public transportation

komfyr [komfy:r] *n.* *(-en)* stove
komme fra [kåme] *v.* *(kom, kommet)* come from
kompliment [komplimaŋ] *n.* *(-et)* compliment
kopp [kåp] *n.* *(-en)* cup
kort [kårt] *adj.* short
kort [kårt] *n.* *(-et)* card, pass
kortvarig [kårtva:ri] *adj.* short-term
kose seg [ko:şe sæi] *v.* *(-te, -t)* enjoy oneself
koselig [ko:şeli] *adj.* cozy
koste [kåste] *v.* *(-et, et)* cost
krone *n.* *(-en)* krone
krysse *v.* *(-et, -et)* cross
kunde [kunde] *n.* *(-en)* customer
kunne [kune] *v.* *(kan, kunne, kunnet)* can, be able to
kurs [ku:ş] *n.* *(-en)* exchange rate
kvart *n.* *(-en)* quarter
kveld [kvel] *n.* *(-en)* evening
kyllinggryte [çylingry:te] *n.* *(-en/ei)* chicken casserole
kyst [çyst] *n.* *(-en)* coast
kåpe *n.* *(-en)* coat

L

lage [la:ge] *v.* *(-et, -et)* make
laks *n.* *(-en)* salmon
lande [lane] *v.* *(-et, -et)* land
lang [laŋ] *adj.* long
langt [laŋt] *adv.* far
lefse *n.* *(-en/ei)* potato cake
legge merke til [lege mærke til] *v.* *(la, lagt)* notice
leie [læie] *n.* *(-en)* rent
leie [læie] *v.* *(-de, -d)* rent
leilighet [læilihe:t] *n.* *(-en)* apartment
lekse *n.* homework
lenge [leŋe] *adv.* for a long time

lenger [leŋer] *adv*. longer, any longer
lese *v*. *(-te, -t)* read
ligge *n*. *(lå, ligget)* lie, be located
like [li:ke] *v*. *(-te, -t)* like
like seg *v*. *(-te, -t)* like it, enjoy oneself
lite *adj*. small
litt [lit] *adv*. a little
lufthavn *n*. *(-en)* airport (as in: Oslo lufthavn Gardemoen)
lur [lu:r] *n*. *(-en)* nap
lutefisk *n*. *(-en)* lutefisk *(lit*. lye fish)
lys *n*. *(-et)* light
lære [læ:re] *v*. *(-te, -t)* learn
lørdag [lø:rda:(g)] *n*. Saturday

M

mai [ma:i] *n*. May
man *pron*. one
mandag [manda:(g)] *n*. Monday
mange [maŋe] *adj*. lots of
manuell [manu:el] *n*. manual
mars [maʂ] *n*. March
mat [ma:t] *n*. *(-en)* food
med [me:] *prep*. with
meg [mæi] *pron*. me
melk [melk] *n*. *(-en)* milk
mellom *prep*. between
men [men] *conj*. but
mens *conj*. while
meny [meny:] *n*. *(-en)* menu
mer [me:r] *adj*. more
mett [met] *adj*. full
middag [mida:(g)] *n*. *(-en)* dinner
midnattssol *n*. *(-en/ei)* midnight sun
midt [mit] *adv*. in the middle

Midt-Norge [mit nårge] *N.* Mid-Norway
mikrobølgeovn [mikro:bølgeåvn] *n. (-en)* microwave
min [mi:n] *pron.* my
mindre *adj. (-en)* less, smaller
minibank *n.* ATM
moderne [mo:dærne] *adj.* modern
mor [mo:r] *n. (-en/ei)* mother
morgen [må:rn] *n. (-en)* morning
museum [muse:um] *n. (-et)* museum
mye *adj.* much
møbler *n./pl.* furniture
møblert [møble:rt] *adj.* furnished
mørk *adj.* dark
møte [mø:te] *v. (møtte, møtt)* meet
møtes [mø:tes] *v. (møttes, møttes)* meet each other
måned *n. (-en)* month
månedskort [må:nedskårt] *n. (-et)* monthly pass
måtte [måte] *v. (må, måtte, måttet)* must, have to

N

natt *n. (-en/ei)* night
natur [natu:r] *n. (-en)* nature
navn *n. (-et)* name
nei [næi] *interj.* no
neste [neste] *adj.* next
nesten [nestn] *adv.* almost
nettopp [netåp] *adv.* just
noe [no:e] *pron.* something
noen [no:en] *pron.* something, somebody, a few
nok [nåk] *adv.* enough
nordmann [no:rman] *n. (-en) (pl. nordmenn)* Norwegian (person)
Nord-Norge [no:r nårge] *N.* North Norway
norsk [nåʂk] *adj.* Norwegian (language)
november [no:vember] November

ny *adj.* new
nyte *v. (nøt, nytt)* enjoy
nærmeste *adj.* nearest
nødvendig [nødvendi] *adj.* necessary
nå [nå:] *adv.* now
når [når] *conj.* when

O

ofte [åfte] *adv.* often
og [å:] [å:g] *conj.* and
også [åså:] *adv.* also
oktober [åktå:ber] *n.* October
ombestemme seg [åmbesteme] *v. (-te, -t)* change one's mind
onsdag [o:nsda:(g)] *n.* Wednesday
oppvaskmaskin [åpvaskmaşi:n] *n.* dishwasher
ost [o:st] *n. (-en)* cheese
over [å:ver] *prep.* past, above, over
overnatte [å:vernate] *v. (-et, -et)* spend a night
overrasket [å:verasket] *adj.* surprised

P

par *n. (-et)* pair, couple
paraply [paraply:] *n. (-en)* umbrella
park *n. (-en)* park
parkering [parke:riŋ] *n.* parking
passe *v. (-et, -et)* fit, match
passkontroll [paskontrål] *n. (-en)* passport control, customs and immigration
pastasalat [sala:t] *n. (-en)* pasta salad
penger [peŋer] *n./pl.* money
per [pær] *prep.* per
periode [pærjo:de] *n. (-en)* period
pils *n. (-en)* pilsner

pizza *n.* *(-en)* pica
plass *n.* *(-en)* place
plutselig [plutseli] *adv.* suddenly
pose [po:se] *n.* *(-en)* bag
potet [po:te:t] *n.* *(-en)* potato
pris *n.* *(-en)* price
privat [priva:t] *adj.* private
prøve *v.* *(-de, -d)* try, try on
prøverom *n.* *(-et)* fitting room
pære *n.* *(-en/ei)* pear
på *prep.* to, in, at

R

rabatt [rabat] *n.* *(-en)* discount
regn [ræin] *n.* *(-et)* rain
regne [ræine] *v.* *(-et, -et)* rain
regning [ræiniŋ] *n.* *(-en/ei)* bill
reise [ræise] *n.* *(-en)* trip
reise [ræise] *v.* *(-te, -t)* travel, go
reke [re:ke] *n.* *(-en/ei)* shrimp
restaurant [resteuraŋ] *n.* *(-en)* restaurant
returnere [returne:re] *v.* *(-te, -t)* return
ringe [riŋe] *v.* *(-te, -t)* call
rom *n.* *(-et)* room
rundt [runt] *prep.* around
rød [rø:] *adj.* red

S

salg *n.* *(-et)* sale
samme *pron.* same
sammen [samen] *adv.* together
samtidig [samti:di] *adv.* at the same time
sann *adj.* true

se [se:] *n. (så, sett)* see
selvfølgelig [sel<u>føl</u>geli] *adv.* of course
sen [se:n] *adj.* late
seng [seŋ] *n. (-en/ei)* bed
sentrum *n. (-et)* downtown
september [sep<u>tem</u>ber] *n.* September
servere [ser<u>ve</u>:re] *v. (-te, -t)* serve
severdighet [se:<u>vær</u>dihe:t] *n. (-en)* place of interest
si [si:] *n. (sier, sa, sagt)* say
side *n. (-en/ei)* side
sikkert *adv.* surely, certainly
sist *adj.* last, recent, previous,
siste *adj.* last, final
skap [ska:p] *n. (-et)* cabinet, cupboard
ski [și:] *n. (-en)(pl. ski)* ski
skinke [șinke] *n. (-en/ei)* ham
skjørt [ørt] *n. (-et)* skirt
sko [sko:] *n. (-en)(pl. sko)* shoe
skrive *v. (skrev, skrevet)* write
skrivebord [<u>skri</u>:ve<u>bo</u>:r] *n. (-et)* desk
skulle [skule] *v. (skal, skulle, skullet)* shall, will
skål *n. (-en)* bowl
slags [șlaks] *n. (-et)* kind
slappe av [șlape a:v] *v. (-et, -et)* relax
slekting [șlektniŋ] *n. (-en)* relative
slutte [șlute] *v. (-et, -et)* finish
smake *v. (-te, -t)* taste
smør *n. (-et)* butter
snakke [snakke] *v. (-et, -et)* speak
snø *v. (-dde, -dd)* snow
snø *n. (-en)* snow
sofa *n. (-en)* sofa
sol *n. (-en/ei)* sun
som [såm] *pron.* as, who, which

soppsuppe [såpsupe] *n.* *(-en/ei)* mushroom soup
sove [så:ve] *v.* *(sov, sovet)* sleep
spandere [span<u>de</u>:re] *v.* *(-te, -t)* treat, to pay for smb.
spise [spi:se] *v.* *(-te, -t)* eat
spørre [spøre] *v.* *(spør, spurte, spurt)* ask
stasjon [sta<u>sjo</u>:n] *n.* *(-en)* station
stemple *v.* *(-et, -et)* stamp
stenge [steŋe] *v.* *(-te, -t)* close
stol *n.* *(-en)* chair
stor *adj.* big
student [stu<u>dent</u>] *n.* *(-en)* student
studentkort [stu<u>dent</u>kårt] *n.* *(-et)* student pass
studere [stu<u>de</u>:re] *v.* *(-te, -t)* study
stue *n.* *(-en/ei)* living room
stykke *n.* *(-et)* piece
størrelse [størelse] *n.* *(-en)* size
stå *n.* *(stod, stått)* stand
stå opp *v.* *(stod, stått)* get up
sukker [soker] *n.* *(-et)* sugar
sulten [sultn] *adj.* hungry
svart *adj.* black
sykle *n.* *(-et, -et)* bike
syltetøy [syltetøy] *n.* *(-et)* jelly
synes *v.* *(syntes, synes)* think, have a feeling
søndag [sønda:(g)] *n.* Sunday
Sørlandet [sø:rlane] *N.* South Norway

T

ta [ta:] *v.* *(tok, tatt)* take (get)
takk [tak] *n.* *(-en/ei)* thanks
tallerken [ta<u>lær</u>ken] *n.* *(-en)* plate
T-bane [te:ba:ne] *n.* *(-en)* subway
telefon [tele<u>fo</u>:n] *n.* *(-en)* phone
tid [ti:(d)] *n.* *(-en)* time

tidlig [ti:(d)li] *adj.* early
til og med [tilå:me:] *adv.* even
til *prep.* until
tilbake [tilba:ke] *adv.* back
tilbringe *v.* *(tilbrakte, tilbrakt)* spend (time)
tilbud [tilbu:d] *n.* *(-et)* sale, special offer
tirsdag [ti:şda:(g)] *n.* Tuesday
toalett [to:alet] *n.* *(-et)* toilet
tomat [toma:t] *n.* *(-en)* tomato
topp [tåp] *n.* *(-en)* top
torsdag [tå:şda:(g)] *n.* Thursday
trekke ut *v.* *(trakk, trukket)* pull out
trenge *v.* *(-te, -t)* need
trikk *n.* *(-en)* trolley
tro [tro:] *v.* *(-dde, -dd)* believe, think
trøtt *adj.* tired
tur *n.* *(-en)* trip, tour
turist [turist] *n.* *(-en)* tourist
tur-retur [tu:r retu:r] *n.* *(-en)* round-trip
tusen [tu:sen] *n.* *(-et)* thousand
tusenlapp [tu:senlap] *n.* *(-en)* thousand-dollar bill
TV [te:ve:] *n.* *(-en)* TV
tørst [tøşt] *adj.* thirsty

U

ubegrenset [u:begrenset] *adj.* unlimited
uke *n.* *(-en/ei)* week
unnskyld [unşyl] excuse me
uten [u:tn] *prep.* without
utenfor [u:tenfår] *adv.* outside
utmerket [u:tmærket] *adj.* excellent
utsolgt [u:tsålkt] *adj.* sold out
utstyrt *adj.* equipped

V

vanligvis [vanlivi:s] *adv.* usually
vanskelig [vanskeli] *adj.* difficult
varm *adj.* warm
ved siden av [ve:si:dna:v] *prep.* next to
vegetarisk [vegeta:risk] *n.* vegetarian
vegg *n.* *(-en)* wall
vei [væi] *n.* *(-en)* road, way
veksle [vekşle] *v.* *(-et, -et)* exchange
veldig [veldi] *adv.* very
velkommen [velkåmen] *adj.* welcome
venn *n.* *(-en)* friend
venstre *adj.* left
vente *v.* *(-et, -et)* wait
verken... eller [værken eler] *conj.* neither ... nor
verst [veşt] *adj.* worst
Vestlandet [vestlane] *N.* West Norway
ville *v.* *(vil, ville, villet)* want
vin [vi:n] *n.* *(-en)* wine
vind [vin] *n.* *(-en)* wind
vindu *n.* *(-et)* window
vinter *n.* *(-en)* winter
visning *n.* *(-en)* showing
vite [vi:te] *v.* *(vet, visste, visst)* know
vott [våt] *n.* *(-en)* mitten
vær *n.* *(-et)* weather
være *v.* *(er, var, vært)* be
være lei av *v.* *(er, var, vært)* be tired of
våkne *v.* *(-et, -et)* wake up
vår [vå:r] *n.* *(-en)* spring

Ø

øre *n.* *(-en)* Norwegian cent

øy [øy] *n.* *(-en)* island
øyeblikk [øyeblik] *n.* *(-et)* moment

#

åpne *v.* *(-et, -et)* open
årstid [å:ʂti:(d)] *n.* *(-en)* season

Glossary

English-Norwegian

24 hours *n.* døgn [døyn] *(-et)*

A

a little *adv.* litt [lit]
above *prep.* over [å:ver]
absolute *adj.* absolutt [abso:lut]
actually *adv.* egentlig [e:gentli]
ad *n.* annonse [anåŋse] *(-en)*
address *n.* adresse [adrese] *(-en/ei)*
after *prep.* etter
afternoon *n.* ettermidag [etermida:(g)] *(-en)*
afterwards *adv.* etterpå
again *adv.* igjen [ijen]
ahead *adv.* fram
airport[1] **(as in: Oslo lufthavn Gardemoen)** *n.* lufthavn *(-en)*
airport[2] **(commonly used)** *n.* flyplass *(-en)*
airport shuttle *n.* flybuss *(-en)*
all *pron.* alle
almost *adv.* nesten [nestn]
already *adv.* allerede [alere:de]
also *adv.* også [åså:]
American *adj.* amerikansk [amerika:nsk]
and *conj.* og [å:] [å:g]
anyway *adv.* allikevel [ali:kevel]
apartment *n.* leilighet [læilihe:t] *(-en)*
apartment building *n.* blokk [blåk] *(-en)*
apple *n.* eple *(-et)*

appointment *n.* avtale *(-en)*
April *n.* april [apri:l]
around *prep.* rundt [runt]
as *conj.* som [såm]
ask *v.* spørre [spøre] *(spør, spurte, spurt)*
at *prep.* hos [ho:s] *(-en)*
at the same time *adv.* samtidig [samti:di]
ATM *n.* minibank
August *n.* august [æugust]
automatic gear *n.* automatgir [æutoma:tgi:r] *(nnt.)*

B

back *adv.* tilbake [tilba:ke]
bag *n.* pose [po:se] *(-en)*
balcony *n.* balkong [balkåŋ] *(-en)*
bank *n.* bank *(-en)*
bathroom *n.* bad [ba:d] *(-et)*
be *v.* være *(er, var, vært)*
be able to *v.* kunne [kune] *(kan, kunne, kunnet)*
be called hete [he:te] *(het, hett)*
be tired of *v.* være lei av *(er, var, vært)*
be valid *v.* gjelde [jele] *(gjaldt, gjeldt)*
become *v.* bli *(ble, blitt)*
before *prep.* før
begin *v.* begynne [bejyne] *(-te, -t)*
believe *v.* tro [tro:] *(-dde, -dd) (also* **think***)*
best *adj.* best
between *prep.* mellom [melåm]
big *adj.* stor
bike *v.* sykle *(-et, -et)*
bill *n.* regning [ræining] *(-en/ei)*
black *adj.* svart
blow *v.* blåse [blå:se] *(-te, -t)*
blue *adj.* blå [blå:]

boat *n*. båt *(-en)*
bookshelf *n*. bokhylle *(-en/ei)*
both ... and ... *conj*. både ... og ... [bå:de... å:g...]
bottle *n*. flaske *(-en/ei)*
bowl *n*. skål *(-et)*
bread *n*. brød [brø:] *(-et)*
breakfast *n*. frokost [fro:kost] *(-en)*
brown *adj*. brun [bru:n]
bus *n*. buss *(-en)*
bus stop *n*. bussholdeplass [bushåleplas] *(-en)*
but *conj*. men [men]
butter *n*. smør *(-et)*
buy *v*. kjøpe [çø:pe] *(-te, -t)*
by *prep*. forbi [forbi:]
by the way *adv*. forresten [fåresten]

C

cab *n*. drosje [dråşe]
cabin *n*. hytte *(-en/ei)*
cabinet *n*. skap [ska:p] *(-et)*
call *v*. ringe [riŋe] *(-te, -t)*
can *v*. kunne [kune] *(kan, kunne, kunnet)*
car *n*. bil *(-en)*
car rental *n*. bilutleie [bi:lu:tlæie] *(-en)*
card *n*. kort [kårt] *(-et)*
carton *n*. kartong [kartåŋ] *(-en)*
cash register *n*. kasse *(-en)*
cent (Norwegian) *n*. øre *(-en)*
cereal *n*. frokostblanding [fro:kostblaniŋ] *(-en)* *(lit.* breakfast mix)
certainly *adv*. sikkert
chair *n*. stol *(-en)*
change one's mind *v*. ombestemme seg [åmbesteme] *(-te, -t)*
cheap *adj*. billig [bili]
cheese *n*. ost [o:st] *(-en)*

chicken casserole *n.* kyllinggryte [çylingry:te] *(-en/ei)*
city *n.* by *(-en)*
climate *n.* klima *(-et)*
clock *n.* klokke [klåke] *(-en/ei)*
close *v.* stenge [steŋe] *(-te, -t)*
closet *n.* klesskap [kle:ska:p] *(-et)*
clothes *n.* klær *(pl. klærne)*
coast *n.* kyst [çyst] *(-en)*
coat *n.* kåpe *(-en)*
coffee *n.* kaffe [kafe] *(-en)*
cold *adj.* kald [kal]
color *n.* farge *(-en)*
come *v.* komme fra [kåme] *(kom, kommet)*
come along *v.* bli med [bli: me:] *(ble, blitt)*
compliment *n.* kompliment [komplimaŋ] *(-et)*
concern *v.* gjelde [jele] *(gjaldt, gjeldt)*
continue *v.* fortsette [fortsete] *(fortsette, fortsatt)*
cost *v.* koste [kåste] *(-et, -et)*
counter *n.* disk *(-en)*
couple *n.* par *(-et)*
cozy *adj.* koselig [ko:şeli]
creamed peas *n.* ertegrøt [ærtegrø:t] *(-nm)*
cross *v.* krysse *(-et, -et)*
cucumber *n.* agurk [agurk] *(-en)*
cup *n.* kopp [kåp] *(-en)*
cupboard *n.* skap [ska:p] *(-et)*
customer *n.* kunde [kunde] *(-en)*
customs and immigration *n.* passkontroll [paskontrål] *(-en)*

D

daily pass *n.* dagskort [da:gskårt] *(-et)*
dark *adj.* mørk
date *n.* dato [da:to:] *(-en)*

day *n*. dag [da:g] *(-en)*
dear *adj*. kjær [çæ:r]
December *n*. desember [desember]
decide *v*. bestemme seg [besteme] *(-te, -t)*
desk *n*. skrivebord [skri:vebo:r] *(-et)*
dialect *n*. dialekt [dialekt] *(-en)*
different *adj*. forskjellig [fåsjeli]
difficult *adj*. vanskelig [vanskeli]
dinner *n*. middag [mida:(g)] *(-en)*
discount *n*. rabatt [rabat] *(-en)*
dishwasher *n*. oppvaskmaskin [åpvaskmasji:n] *(-en)*
do *v*. gjøre [jø:re] *(gjør, gjorde, gjort)*
done (ready) *adj*. ferdig [færdi]
door *n*. dør *(-en/ei)*
dorm room *n*. hybel *(-en)*
downtown *n*. sentrum *(-et)*
drink *v*. drikke [drike] *(drakk, drukket)*
drive *v*. kjøre [çø:re] *(-te, -t)*

E

each other *pron*. hverandre [værandre]
early *adj*. tidlig [ti:(d)li]
eat *v*. spise [spi:se] *(-te, -t)*
either ... or ... *conj*. enten ... eller ...
electricity *n*. elektrisitet [elektrisite:t] *(-en)*
elevator *n*. heis [hæis] *(-en)*
else *pron*. annet [a:nt]
English *adj*. engelsk [eŋelsk]
enjoy *v*. nyte *(nøt, nytt)*
enjoy oneself *v*. kose seg *(-te, -t)*
enough *adv*. nok [nåk]
entrance *n*. inngang *(-en)*
equipped *adj*. utstyr
even *adv*. til og med [tilå:me:]

evening *n*. kveld [kvel] *(-en)*
every *pron*. hver [væ:r]
everything *pron*. alt
exactly *adv*. akkurat
excellent *adj*. utmerket [u:tmærket]
exchange *v*. veksle [vekşle] *(-et, -et)*
exchange rate *n*. kurs [ku:ş] *(-en)*
excited *adj*. begeistret [begæistret]
excuse me unnskyld [unşyl]
expensive *adj*. dyr [dy:r]
experience *n*. erfaring [erfa:riŋ] *(-en)*

F

fall *n*. høst *(-en)*
fantastic *adj*. fantastisk [fantastisk]
far *adj*. langt
farewell *interj*. farvel [farvel]
father *n*. far [fa:r] *(-en)*
February *n*. februar [februa:r]
find *v*. finne *(fant, funnet)*
finish *v*. slutte [şlute] *(-et, -et)*
first *adj*. først [føşt]
fit *v*. passe *(-et,-et)*
fitting room *n*. prøverom *(-et)*
fjord *n*. fjord [fjo:r] *(-en)*
floor *n*. etasje [eta:şe] *(-en)* (as in level or story of a building)
folks *n./pl*. folk [fålk] *(-et)*
food *n*. mat [ma:t] *(-en)*
for a long time *adv*. lenge [leŋe]
forget *v*. glemme *(-te, -t)*
Friday *n*. fredag [fre:da:(g)]
friend *n*. venn *(-en)*
from *prep*. fra [fra:]
fruit *n*. frukt *(-en)*

full¹ *adj.* full
full² (after eating) *adj.* mett [met]
fun *adj.* gøy
furnished *adj.* møblert [mø<u>ble:rt</u>]
furniture *n./pl.* møbler (pl.)

G

gas *n.* bensin [ben<u>si:n</u>] *(-en)*
get *v.* få [få:] *(fikk, fått)*
get married *v.* gifte seg [jifte] *(-et, -et)*
get off *v.* gå av [gå:] *(gikk, gått)*
get up *v.* stå opp *(stod, stått)*
girl *n.* jente [jente] *(-en/ei)*
give *v.* gi [ji:] *(gav, gitt)*
gladly *adv.* gjerne [jæ:rne]
glass *n.* glass *(-et)*
go *v.* gå [gå:] *(gikk, gått)*
good *adj.* god [go:]
Gulf Stream *N.* Golfstrømmen

H

half *adj.* halv [hal]
ham *n.* skinke [şinke] *(-en/ei)*
hang *v.* henge [heŋe] *(-te, -t)*
happy *adj.* glad [gla:]
have to *v.* måtte [måte] *(må, måtte, måttet)*
he *pron.* han [han]
heat *n.* fyring *(-en)*
help *v.* hjelp [jelp] *(-en); hjelpe [jelpe] *(hjalp, hjulpet)*
her *pron.* henne
here *adv.* her [hæ:r]
hi *interj.* hei [hæi]
him *pron.* ham

home *n.* hjem [jem] *(-et)*
homework *n.* lekse *(-en)*
hotel *n.* hotel [ho:<u>tel</u>] *(-et)*
house *n.* hus [hu:s] *(-et)*
how *adv.* hvordan [vo:rdan]
hug *n.* klem *(-en)*
humid *adj.* fuktig [fokti]
hundred-dollar (100) bill *n.* hundrelapp *(-en)*
hungry *adj.* sulten [sultn]

I

I *pron.* jeg [jæi]
idea *n.* idé [i<u>de</u>:] *(-en)*
if *conj.* hvis [vis]
in *prep.* i [i:]
included *prep.* inkludert [inklu<u>de</u>:rt]
including *prep.* inkludert [inklu<u>de</u>:rt]
instead *adv.* istedet [i:<u>ste</u>:de]
insurance *n.* forsikring [fo<u>si</u>kriŋ] *(-en)*
invite *v.* invitere [invi<u>te</u>:re] *(-te, -t)*
island *n.* øy [øy] *(-en)*
it *pron.* det [de:]

J

January *n.* januar [janu<u>a</u>:r]
jar *n.* glass *(-et)*
jeans *n./pl.* dongeribukse [dåŋeribokse] *(-en/ei)*
jelly *n.* syltetøy [syltetøy] *(-et)*
join *v.* bli med [bli: me:] *(ble, blitt)*
juice *n.* juice [ju:s] *(-en)*
July *n.* juli [ju:li]
June *n.* juni [ju:ni]
just *adv.* nettopp [netåp]

K

kilogram *n.* kilo [çi:lo] *(-et/-en)*
kilometer *n.* kilometer [çi:lome:ter] *(-en)*
kind *n.* slags [şlaks] *(-et)*
kitchen *n.* kjøkken [çøken] *(-et)*
know *v.* vite *(vet, visste, visst)*
krone *n.* krone *(-en)*

L

land *v.* lande [lane] *(-et,-et)*
last (previous) *adj.* sist; **(final)** *adj.* siste [se:n]
laundromat *n.* fellesvaskeri [felesvaskeri:] *(-et)*
lavatory *n.* toalett [to:alet] *(-et)*
learn *v.* lære [læ:re] *(-te, -t)*
left *adj.* venstre
less (smaller) *adj.* mindre
letter *n.* brev *(-et)*
library *n.* bibliotek [biblio:te:k] *(-et)*
lie (be located) *v.* ligge *(lå, ligget)*
light *n.* lys *(-et)*
like *v.* like *(-te, -t)*
likewise *adv.* i like måte
live *v.* bo [bo:] *(-dde, -dd)*
living room *n.* stue *(-en/-ei)*
long *adj.* lang [laŋ]
longer, any longer *adv.* lenger [leŋer]
look around *v.* kikke [çike] *(-et, -et)(as in browse)*
look forward to *v.* glede seg til å *(-et, -et)*
lots of *adj.* mange [maŋe]
luggage *n.* bagasje [baga:şe] *(-en)*
lutefisk *n.* lutefisk *(-en)*

M

make *v.* lage [la:ge] *(-et, -et)*
manual *adj.* manuell [manu:el]
March *n.* mars [maʂ]
match *v.* passe *(-et,-et)*
May *n.* mai [ma:i]
maybe *adv.* kanskje [kanʂe]
me *pron.* meg [mæi]
meet *v.* møte *(møtte, møtt)*
meet each other *v.* møtes *(møttes, møttes)*
menu *n.* meny [meny:] *(-en)*
microwave *n.* mikrobølgeovn [mi:krobølgeåvn] *(-en)*
middle (in the middle) *adv.* midt [mit]
midnight sun *n.* midnattssol *(-en/-ei)*
Mid-Norway *N.* Midt-Norge [mit nårge]
milk *n.* melk [melk] *(-en)*
mitten *n.* vott [våt] *(-en)*
modern *adj.* moderne [mo:dærne]
moment *n.* øyeblikk [øyeblik] *(-et)*
Monday *n.* mandag [manda:(g)]
money *n.* penger (pl.) [peŋer]
month *n.* måned *(-en)*
monthly pass *n.* månedskort [må:nedskårt] *(-et)*
more *adj.* mer [me:r]
morning *n.* morgen [må:rn] *(-en)*
most *adj.* flest
mother *n.* mor [mo:r] *(-en/-ei)*
mountain *n.* fjell *(-et)*
movie theater *n.* kino [çi:no] *(-en)*
much *adj.* mye
museum *n.* museum [muse:um] *(-et)*
mushroom soup *n.* soppsuppe [såpsuppe] *(-en/-ei)*
must *v.* måtte [måte] *(må, måtte, måttet)*
my *pron.* min [mi:n]

N

name *n.* navn *(-et)*
nap *n.* lur [lu:r] *(-en)*
nature *n.* natur [na<u>tu:r</u>] *(-en)*
nearest *adj.* nærmeste
necessary *adj.* nødvendig [nød<u>ven</u>di]
need *v.* trenge [treŋe] *(-te, -t)*
neither... nor *conj.* verken ... eller [værken ... eler]
never *adv.* aldri
new *adj.* ny
next *adj.* neste [neste]
next to *adv.* ved siden av [ve:<u>si:dna</u>:v]
nice *adj.* fin [fi:n]
night *n.* natt *(-en/-ei)*
no *interj.* nei [næi]
nobody *pron.* ingen |iŋen|
North Norway *N.* Nord-Norge [no:r nårge]
Norwegian (language) *n.* norsk [nåşk]
Norwegian (person) *n.* nordmann [no:rman] *(-en) (pl. nordmenn)*
not *adv.* ikke [ike]
notice *v.* legge merke til [mærke] *(la, lagt)*
November *n.* november [no:<u>vem</u>ber]
now *adv.* nå [nå:]

O

October *n.* oktober [åk<u>tå</u>:ber]
of course *adv.* selvfølgelig [sel<u>føl</u>geli]
often *adv.* ofte [åfte]
old *adj.* gammel
one *pron.* man
only *adv.* bare [ba:re]
open *adv.* åpne *(-et, -et)*
orange *n.* appelsin [apel<u>si:n</u>] *(-en)*

order *v.* bestille [be<u>sti</u>le] *(-te, -t)*
other *pron.* andre
ought to *v.* burde *(bør, burde, burdet)*
outside *prep.* utenfor [u:tenfår]
over *prep.* over [å:ver]
over there *adv.* der borte [dær borte]

P

pair *n.* par *(-et)*
pants *n.* bukse [bokse] *(-en/-ei)*
park *n.* park *(-en)*
parking *n.* parkering [par<u>ke</u>:riŋ] *(-en)*
party *n.* fest *(-en)*
pass (ticket) *n.* kort [kårt] *(-et)*
passport control *n.* passkontroll [<u>pas</u>kon<u>trål</u>] *(-en)*
past *prep.* over [å:ver]
pasta salad *n.* pastasalat [<u>pas</u>tasa<u>la</u>:t] *(-en)*
pay *v.* betale [be<u>ta</u>:le] *(-te, -t)*
pear *n.* pære *(-en/-ei)*
per *prep.* per [pær]
period *n.* periode [pærj<u>o</u>:de] *(-en)*
phone *n.* telefon [tele<u>fo</u>:n] *(-en)*
pica *n.* pizza *(-en)*
pick up *v.* avhente *(-et, -et)*
picture *n.* bilde *(-et)*
piece *n.* stykke *(-et)*
pilsner *n.* pils *(-en)*
place *n.* plass *(-en)*
place of interest *n.* severdighet [se:<u>vær</u>dihe:t] *(-en)*
plane *n.* fly *(-et)*
plate *n.* tallerken [ta<u>lær</u>ken] *(-en)*
potato *n.* potet [po:<u>te</u>:t] *(-en)*
potato pancake *n.* lefse *(-en/-ei)*
price *n.* pris *(-en)*

private *adj.* privat [pri<u>va:</u>t]
probably *adv.* kanskje [kanşe]
public transportation *n.* kolle<u>ktivtrafikk</u> *(-en)*
pull out *v.* trekke ut *(trakk, trukket)*

Q

quarter *n.* kvart *(-en)*
quite *adv.* ganske

R

rain[1] *n.* regn [ræin] *(-et)*
rain[2] *v.* regne [ræine] *(-et, -et)*
read *v.* lese *(-te, -t)*
ready *adj.* ferdig [færdi]
reason *n.* grunn *(-en)*
red *adj.* rød [rø:]
refrigerator *n.* kjøleskap [çø:leska:p] *(-et)*
relative *n.* slekting [şlektniŋ] *(-en)*
relax *v.* slappe av [şlape a:v] *(-et, -et)*
remember *v.* huske *(-et, -et)*
rent[1] *n.* leie [læie] *(-en)*
rent[2] *v.* leie [læie] *(-de, -d)*
rented room *n.* hybel *(-en)*
restaurant *n.* restaurant [resteura<u>ŋ</u>] *(-en)*
restroom *n.* toalett [to:a<u>let</u>] *(-et)*
return *v.* returnere [retur<u>ne:</u>re] *(-te, -t)*
right *adj.* høyre [høyre] *(see also* **exactly***)*
road *n.* vei [væi] *(-en)*
room *n.* rom *(-et)*
round-trip *n.* tur-retur [<u>tu:r</u> re<u>tu:r</u>] *(-en)*

S

sale¹ *n.* salg *(-et)*
sale² *n.* tilbud [tilbu:d] *(-et)* (as in special offer)
salmon *n.* laks *(-en)*
same *adj.* samme
sandwich *n.* brødskive [brø:şi:ve] *(-en/-ei)*
satisfied *adj.* forsynt [fåşy:nt]
Saturday *n.* lørdag [lø:rda:(g)]
say *v.* si *(sier, sa, sagt)*
season *n.* årstid [å:şti:(d)] *(-en)*
see *v.* se [se:] *(så, sett)*
September *n.* september [september]
serve *v.* servere [serve:re] *(-te, -t)*
shall *v.* skulle [skule] *(skal, skulle, skullet)*
share *v.* dele *(-te, -t)*
shoe *n.* sko [sko:] *(-en)(pl. sko)*
shop *v.* handle *(-et, -et)*
shop assistant (female) *n.* ekspeditrise [ekspeditri:se] *(-en/-ei)*
shopping mall *n.* kjøpesenter [çø:pesenter] *(-et)*
short *adj.* kort [kårt]
short-term *adj.* kortvarig [kårtva:ri]
should *v.* burde *(bør, burde, burdet)*
showing *n.* visning *(-en)*
shrimp *n.* reke [re:ke] *(-en/-ei)*
side *n.* side *(-en/-ei)*
silverware *n.* bestikk [bestik] *(-et)*
single ticket *n.* enkeltbillett *(-en)*
size *n.* størrelse [størelse] *(-en)*
ski *v.* ski [şi:] *(-en) (pl. ski)*
skirt *n.* skjørt [şørt] *(-et)*
sleep *v.* sove [så:ve] *(sov, sovet)*
small *adj.* lite
snow¹ *v.* snø *(-dde, -dd)*
snow² *n.* snø *(-en)*

sofa *n*. sofa *(-en)*
sold out *adj*. utsolgt [u:tsålkt]
somebody *pron*.. noen [no:en]
something *pron*. noe, noen [no:e] [no:en]
sound *v*. høres ut *(-tes, tes)*
South Norway *N*. Sørlandet [sø:rlane]
speak *v*. snakke [snakke] *(-et, -et)*
spend (time) *v*. tilbringe *(tilbrakte, tilbrakt)*
spend a night *v*. overnatte [å:vernate] *(-et, -et)*
spring *n*. vår *(-en)*
stamp *v*. stemple *(-et, -et)*
stand *v*. stå *(stod, stått)*
station *n*. stasjon [sta͟o:n] *(-en)*
stay *v*. bli *(ble, blitt)*
story *n*. etasje [eta:͟e] *(-en)* (as in level or floor of a building)
stove *n*. komfyr [kom͟fy:r] *(-en)*
street *n*. gate *(-en/-ei)*
student *n*. student [stu͟ent] *(-en)*
student pass *n*. studentkort [stu͟entkårt] *(-et)*
study *v*. studere [stu͟e:re] *(-te, -t)*
subway *n*. T-bane [te:ba:ne] *(-en)*
suddenly *adv*. plutselig [plutseli]
sugar *n*. sukker [soker] *(-et)*
sun *n*. sol *(-en/-ei)*
Sunday *n*. søndag [sønda:(g)]
surely *adv*. sikkert
surprised *adj*. overrasket [å:verasket]
sweater *n*. genser *(-en)*

T

table *n*. bord [bo:r] *(-et)*
take *v*. ta [ta:] *(tok, tatt)*
taste *v*. smake *(-te, -t)*
taxi *n*. drosje [drå͟e] *(-en)*

teach *v*. lære *(-te, -t)*
tell *v*. fortelle [får<u>te</u>le] *(fortalte, fortalt)*
thanks *n*. takk [tak]
that¹ *conj*. at [at]
that² *pron*. det [de:]
them *pron*. dem
then *adv*. da
there *adv*. der *(stationary)* [dæ:r]; dit [di:t] *(directional)*
think *v*. tro *(-dde, -dd)*; synes *(syntes, synes)*
thirsty *adj*. tørst [tøşt]
this *pron*. dette [dete]
thousand *n*. tusen *(-et)*
through *prep*. gjennom
Thursday *n*. torsdag [tå:şda:(g)]
ticket *n*. billett [bil<u>et</u>] *(-en)*
time *n*. **(how many times)** gang *(-en)*; **(what time is it?)** *n*. tid
    [ti:(d)] *(-en)*
tired *adj*. trøtt
to *prep*. på
together *adv*. sammen [samen]
toilet *n*. toalett [to:a<u>let</u>] *(-et)*
tomato *n*. tomat [to<u>ma:</u>t] *(-en)*
top *n*. topp [tåp] *(-en)*
tourist *n*. turist [tu<u>rist</u>] *(-en)*
travel *v*. reise [ræise] *(-te, -t)*
treat (to pay for smth) *v*. spandere [span<u>de:</u>re] *(-te, -t)*
trip *n*. reise [ræise] *(-en)*
tour *n*. tur *(-en)*
trolley *n*. trikk *(-en)*
true *adj*. sant
try *v*. prøve *(-de, -d)*
Tuesday *n*. tirsdag [ti:şda:(g)]
turn into *v*. bli til *(ble, blitt)*
TV *n*. TV [te:ve:] *(-en)*

twenty-four (24) hours *n.* døgn [døyn] *(-et)*

U

umbrella *n.* paraply [para<u>ply:</u>] *(-en)*
unfortunately *adv.* dessverre [des<u>vær</u>e]
unlimited *adj.* ubegrenset [<u>u:</u>be<u>gren</u>set]
until *prep.* til
usually *adv.* vanligvis [vanlivi:s]

V

vacation *n.* ferie [fe:rie] *(-en)*
vegetable *n.* grønnsak *(-en)*
vegetarian *adj.* vegetarisk [vege<u>ta:</u>risk]
very *adv.* veldig [veldi]
visit[1] *n.* besøk [be<u>sø:k</u>] *(-et)*
visit[2] *v.* besøke [be<u>sø:</u>ke] *(-te, -t)*

W

wait *v.* vente *(-et, -et)*
waiter *n.* kelner *(-en)*
wake up *v.* våkne *(-et, -et)*
walk *v.* gå [gå:] *(gikk, gått)*
wall *n.* vegg *(-en)*
want *v.* ville *(vil, ville, villet)*
wardrobe *n.* klesskap [kle:ska:p] *(-et)*
warm *adj.* varm
watch (clock) *n.* klokke [klåke] *(-en/-ei)*
way *n.* vei [væi] *(-en)*
weather *n.* vær *(-et)*
Wednesday *n.* onsdag [o:nsda:(g)]
week *n.* uke *(-en/-ei)*
welcome *adj.* velkommen [vel<u>kå</u>men]
well *adj.* bra

West Coast *n.* Vestlandet [vestlane]
what *pron.* hva [va:]
when *pron.* når [når]
where *pron.* hvor [vo:r]
which *pron.* som [såm]
while *conj.* mens
white *adj.* hvit [vi:t]
who *pron.* hvem [vem]; som [såm]
whole *adj.* hel [he:l] (also **complete, absolute**)
will *v.* skulle [skule] *(skal, skulle, skullet)*
wind *n.* vind [vin] *(-en)*
window *n.* vindu *(-et)*
wine *n.* vin [vi:n] *(-en)*
winter *n.* vinter *(-en)*
with *prep.* med [me:]
without *prep.* uten [u:tn]
worst *adj.* verst [veşt]
write *v.* skrive *(skrev, skrevet)*

Y

yet *adv.* ennå
you *pron.* du [du:]; (**object**) deg [dæi];

Bibliography

History of the Norwegian Language

Halvorsen, Eyvind Fjeld. "Small Country With Two Written Languages," 1997. http://odin.dep.no/

Haugen, Einar. "Kampen om språket" in *Norges kulturhistorie: Brytningsår. Blomstringstid,* vol. 5. A. Aschehoug & Co. (W. Nygaard), Oslo, 1980.

Lundeby, Einar and Torvik, Ingvald. *Språket vårt gjennom tidene. Kort norsk språkhistorie.* Gyldendal norsk forlag, Oslo, 1956.

Vinje, Finn-Erik. "Språk og samfunn" in *Norges kulturhistorie: Underveis – mot nye tider,* vol. 8. A. Aschehoug & Co. (W. Nygaard), Oslo, 1981.

Cultural Facts about Norway

"Europe: Norway," CIA World Factbook. https://www.cia.gov/library/publications/the-world-factbook/geos/no.html

"Minifacts about Norway." 2002. Edited by Hofossbråten, Solveig and Håkenstuen, Liv. Royal Ministry of Foreign Affairs, Oslo, 2002.

"Nobels fredspris," 2001. http://www.regjeringen.no/

"Norway," Encyclopedia Brittanica online: http://www.britannica.com/EBchecked/topic/420178/Norway

"Population." Statistics Norway: http://www.ssb.no/befolkning_en/

"The Norwegian Health Care System," 2009. The Commonwealth Fund: http://www.commonwealthfund.org/Topics/International-Health-Policy/Countries/Norway.aspx

Blakkisrud, Helge. "Norwegian Foreign Policy in the 20th Century," 2000. http://www.regjeringen.no/

Bolstad, Målfrid. "Norway's Social Security and Health Service," 2000. http://www.regjeringen.no/

Bø, Erling. "Christianity in Norway," 1995. http://www.regjeringen.no/

Dagre, Tor. "Norges historie," 1995. http://www.regjeringen.no/

Erichsen, Eivind. "Norges økonomi," 1994. http://www.regjeringen.no/

Førde, Olav. "Sports in Norway." 1996. http://www.regjeringen.no/

Hanisch, Theodor Harald. "The Labour Market in Norway," 2000. http://www.regjeringen.no/

Helander, Elina. "Samene i Norge," 1992. http://www.regjeringen.no/

Marcussen, Tor. "Norwegian Pop Music" 2002. http://www.regjeringen.no/

Samuelsberg, Ragnhild. "Safety, Security and Equality" 2001. http://www.regjeringen.no/

Skeie, Inge. "Norwegian Economical Development," 2002. http://www.regjeringen.no/

Wyller, Thomas Chr. "Det norske monarki," 1992. http://www.regjeringen.no/

CD Track Lists

CD One

1. Alphabet and Pronunciation
2. Lesson 1 Samtale
3. Lesson 1 Samtale for repetition
4. Lesson 1 Ordlisten
5. Lesson 1 Uttrykk
6. Lesson 2 Samtale
7. Lesson 2 Samtale for repetition
8. Lesson 2 Ordlisten
9. Lesson 2 Uttrykk
10. Lesson 3 Samtale
11. Lesson 3 Samtale for repetition
12. Lesson 3 Ordlisten
13. Lesson 3 Uttrykk
14. Lesson 4 Samtale
15. Lesson 4 Samtale for repetition
16. Lesson 4 Ordlisten
17. Lesson 4 Uttrykk
18. Lesson 5 Samtale
19. Lesson 5 Samtale for repetition
20. Lesson 5 Ordlisten
21. Lesson 5 Uttrykk
22. Lesson 6 Samtale
23. Lesson 6 Samtale for repetition
24. Lesson 6 Ordlisten
25. Lesson 6 Uttrykk
26. Lesson 7 Samtale
27. Lesson 7 Samtale for repetition
28. Lesson 7 Ordlisten

CD Two

1. Lesson 8 Samtale
2. Lesson 8 Samtale for repetition
3. Lesson 8 Ordlisten
4. Lesson 8 Uttrykk
5. Lesson 9 Samtale
6. Lesson 9 Samtale for repetition
7. Lesson 9 Ordlisten
8. Lesson 9 Uttrykk
9. Lesson 10 Samtale
10. Lesson 10 Samtale for repetition
11. Lesson 10 Ordlisten
12. Lesson 10 Uttrykk
13. Lesson 11 Samtale
14. Lesson 11 Samtale for repetition
15. Lesson 11 Ordlisten
16. Lesson 11 Uttrykk
17. Lesson 12 Samtale
18. Lesson 12 Samtale for repetition
19. Lesson 12 Ordlisten
20. Lesson 12 Uttrykk
21. Lesson 13 Brev
22. Lesson 13 Brev for repetition
23. Lesson 13 Ordlisten
24. Lesson 13 Uttrykk

More Norwegian Language Titles

Norwegian-English/English-Norwegian Practical Dictionary
Laura Ziukaite-Hansen
This dictionary provides readers with numerous entries relating to modern business and technological vocabulary to meet the needs of those traveling or working in both Norway and the United States. Usage examples are given for many entries, as well as phonetic transcriptions for difficult or irregular words. Useful grammar and pronunciations guides are also included.
50,000 entries ·ISBN 978-0-7818-1106-4 ·$24.95hc

Hippocrene Children's Illustrated Norwegian Dictionary
Editors of Hippocrene Books
Designed to be the first foreign language dictionary for children ages five to ten, this easy-to-use book allows them to make a connection between a picture and the word. The words and illustrations included are for the people, animals, colors, numbers, and objects that they encounter every day.
500 entries ·ISBN 978-0-7818-0887-3 ·$14.95pb

Norwegian-English/English-Norwegian Dictionary & Phrasebook
J. Gill Holland
Whether strolling the streets of Oslo or taking in natural wonders like the aurora borealis and Norway's famous fjords, this bilingual dictionary and phrasebook will help visitors communicate effectively. Includes 4,500 total entries, plus basic Norwegian grammar and pronunciation guides, and practical cultural information, including a walking tour of Oslo. The travel-oriented design is ideal for students, tourists, and businesspersons.
4,500 entries ·ISBN 978-0-7818-0955-9 ·$13.95pb

Norse Warfare: Unconventional Battle Strategies of the Ancient Vikings
Martina Sprague
In this thorough and evocative analysis, Martina Sprague tackles the myth of the Vikings, their unconventional battle tactics, cunning strategies, and bold use of any means at their disposal. From the innovative shipbuilding methods that produced flexible hulls and the ability to glide silently into shallow water, to *Asatro*, the polytheistic religion that honored the god of war, Sprague casts a fresh light and a scholarly eye on these fiercely independent people.
369 pages ·ISBN 978-0-7818-1176-7 ·$29.95hc

Prices subject to change without prior notice. **To purchase Hippocrene Books** contact your local bookstore, visit www.hippocrenebooks.com, call (212) 685-4373, or write to: HIPPOCRENE BOOKS, 171 Madison Avenue, New York, NY 10016.